Ernst Gottfried Mahrenholz

Ein Königreich wird Provinz
Über Hannovers Schicksalsjahr 1866

MatrixMedia Verlag Göttingen

Impressum:
© MatrixMedia Verlag GmbH – Göttingen 2012
2. überarbeitete Auflage
Internet: www.matrixmedia.info

Alle Rechte der Verbreitung, auch durch Film, Funk und Fernsehen, fotomechanische Wiedergabe, Tonträger jeglicher Art, auszugsweiser Nachdruck oder Einspeisung und Rückgewinnung in Datenverarbeitungsanlagen aller Art sind vorbehalten.

Alle Abbildungen entstammen aus dem Archiv des MatrixMedia Verlages. Bildrechte-Inhaber, die vom Verlag nicht zu ermitteln waren, können ihren Anspruch bei Nachweis beim Verlag geltend machen.

Umschlagabbildung:
Otto von Bismarck, Fotografie von 1863
König Georg V. von Hannover, Fotografie von 1866
Gestaltung und Layout: Masood Ghorbani, MatrixMedia
Druck: druckhaus köthen, Köthen
ISBN 978-3-932313-46-2

Dank

Die Veröffentlichung dieses Buches
wurde gefördert durch:

VGH-Versicherungen Hannover
Sparkasse Hannover
Gottfried Wilhelm Leibniz Bibliothek

Vorwort
8

Einleitung
10

I.
Zur Geschichte des Königreichs Hannover
14

II.
Der Deutsche Bund und seine Probleme
22

III.
Schleswig-Holstein als auslösendes Moment für den Krieg des Jahres 1866
32

IV.
Langensalza
65

V.
Die Annexion
67

VI.
Der Vertrag zwischen Preußen und König Georg V.
79

VII.
Besetzung und preußische Provinz Hannover
84

Anmerkungen und Kommentare
89

Abbildungsverzeichnis
104

Literatur
105

Namensverzeichnis
106

Vorwort

»Das Unglück von 1866« ist in Niedersachsen, vorwiegend in den ehemals kurfürstlichen Landesteilen, also mit Schwerpunkt östlich der Weser, ein wichtiges Ereignis der jüngeren Geschichte geblieben. Präziser ist das *Urteil* über das Geschehen des Jahres 1866 in der Gestalt des »Unrechts von 1866«. Dieses Unrecht hat seinen Täter und dessen Opfer. Bismarck und König Georg V. So war das Denkmuster in der hannoverschen Pfarrerfamilie lebendig, der der Autor entstammt. Der Adel, der ländlich geprägte Raum und die hannoversche Geistlichkeit waren die Haupthüter welfischer und zugleich antipreußischer Tradition. Der Großvater wurde noch als »angestammter Untertan« König Georg´s V. geboren. Einfache Sichtweisen erlauben vieles, nur nicht die Gewissheit ihrer Richtigkeit. Denn die Abqualifizierung Hannovers zur preußischen Provinz ließ nach Braunschweig blicken, dem unangetastet gebliebenen Herzogtum, dessen Name, wenn auch mit je einem anderen Zusatz (die königliche Familie trug den Familiennamen »Braunschweig-Lüneburg«, die herzogliche »Braunschweig-Wolfenbüttel«) die beiden welfischen Herrscherfamilien einte. Die Frage, ob Herzog Wilhelm von Braunschweig im Jahre 1866 besonnener war als Georg V., hat sich vermutlich nicht selten gestellt.

Die Teilnahme an landesgeschichtlicher Forschung in Baden* hat die Wissbegier nach dem Kennenlernen der vielfältigen Facetten des Jahres 1866 geweckt. Der Teufel steckt im – nicht erkannten – Detail. Diese Erfahrung verbindet die historische Forschung mit juristischer Sachverhaltswürdigung. Die vorliegende Arbeit bemüht sich, auch durch ausführliche Quellenwiedergabe dem Leser ein Bild der historischen Zusammenhänge zu vermitteln und zu einem eigenen Urteil über diesen Teil der niedersächsischen Geschichte beizutragen.

Die Arbeit wäre nicht unternommen worden, wenn nicht nach der Entstehung des Landes Niedersachsen eine vielfältige historische Literatur über Aspekte des Königreichs Hannover und der niedersächsischen Landesgeschichte entstanden wäre. Ihr schuldet der Autor Dank. Ausdrücklich Dank verdient auch die Unterstützung des Hannoverschen Hauptstaatsarchivs, der Gottfried-Wilhelm-Leibniz-Bibliothek in Hannover und des Badischen Generallandesarchivs in Karlsruhe. *Adolf Laufs* und *Dieter Brosius* danke ich für ermutigende Einsichtnahme in das Manuskript.

Dem Historiker wird manches allzu geläufig sein, was hinzuzufügen dem Verständnis des historisch interessierten Laien hilfreich sein kann.

Kritik und Hinweise der Leserinnen und Leser sind willkommen.

Ernst Gottfried Mahrenholz

---

* *A. Laufs/E.G. Mahrenholz/D. Mertens/V. Rödel/J. Schröder/D. Willoweit*, Das Eigentum an Kulturgütern aus badischem Hofbesitz, Veröffentlichungen der Kommission für geschichtliche Landeskunde in Baden-Württemberg, Reihe B Forschungen, 172. Band, 2008.

Bene iudicat, qui bene distinguit.*

Einleitung

a) Im Jahre 1866 wurde Deutschland als Bundesstaat grundgelegt. Er etablierte sich im Jahre 1867 und fand seine Vollendung 1871 mit dem »Beitritt« der süddeutschen Staaten zu diesem Staat, der die Bezeichnung »Deutsches Reich« erhielt. Zuvor hatte der Deutsche Bund – kein Staat, sondern ein Bund von Fürsten und freien Städten – durch den Austritt Preußens nach einer von der Bundesversammlung beschlossenen Mobilisierung des Bundes gegen Preußen sein tatsächliches Ende gefunden. Bismarcks Politik nach Preußens gegen Österreich gewonnener Schlacht bei Königgrätz (03. Juli 1866) wurde von den Zeitgenossen nachdrücklich bejaht. *Theodor Mommsen*, kein Freund Bismarcks, sah, »dass die Weltgeschichte um die Ecke biegt«.

Die Weltgeschichte beendete Hannovers Geschichte. Bismarcks Politik der Annexionen seiner Kriegsgegner, vor allem die Annexion des Königreichs Hannover, war nur ein Randthema der Publizistik und der historischen und juristischen Wissenschaft angesichts des Aufbruchs Deutschlands zu einem staatsrechtlich und völkerrechtlich fundierten Deutschen Reich. Das Königreich Hannover sank 1866 auf eine unter vielen Provinzen Preußens herab. Die Eigenart dieses nach Preußen und Bayern drittgrößten Landes konnte danach sich nicht mehr behaupten, noch unter den Bedingungen eines Bundesstaates weiterentwickeln, anders als etwa diejenige Bayerns, Württembergs etc., sogar Braunschweigs. Die Annexionen mussten Tendenzen des nunmehrigen Großstaates Preußen zwischen Maas und Memel zur egalisierenden Herrschaft der Legislative und Exekutive verstärken. Das Gewicht der Einverleibung Hannovers in Preußen, nicht gemindert durch

---

* »*Gut richtet, wer gut unterscheidet.*« (Spruchweisheit der Glossatoren des römischen Rechts in Bologna, 13.Jahrh.)

die günstige wirtschaftliche Entwicklung der Provinz, ließ auch in der Weimarer Republik die politische Bestrebung eines »los von Preußen« nicht zur Ruhe kommen, wenngleich die Volksabstimmung des Jahres 1924 über die Trennung der Provinz Hannover von Preußen (mit Ausnahme Ostfrieslands, das bei Preußen bleiben wollte) scheiterte. Zum Räsonnement der Kreise, die diese Bewegung trugen, also insbesondere der »Deutsch-Hannnoverschen Partei«, gehörte das Thema des Verhältnisses von Macht und Recht, wie es in der Politik Bismarcks Gestalt gewann, nicht ebenso deutlich eine Besinnung auf die Eigenart König Georgs V. und der aus ihr entspringenden folgenschweren politischen Fehler. Die verhängnisvolle Rolle Österreichs für die Existenz des Königreichs war kaum bekannt.

b) Am 23. August 1946 entstand auf Anordnung der Britischen Militärregierung das »Land Hannover« aus der Provinz Hannover des ehemaligen Freistaates Preußen. Der Vertreter der britischen Militärregierung, *Sir Brian H. Robertson*, führte unter anderem aus: *Wir sind der Meinung, dass die Zeit nunmehr gekommen ist, nicht mehr von einer Provinz Hannover zu sprechen sondern ihrer Verwaltung den Namen und die staatsrechtliche Stellung eines Landes zu geben. ... Es ist der Jahrestag des Prager Friedens, in dem das Königreich Hannover in das Land Preußen eingegliedert wurde.*[1]

Der neu ernannte Ministerpräsident *Hinrich Wilhelm Kopf* spricht von der *Bedeutung dieses für unsere Heimat im wahrsten Sinne des Wortes historischen Tages. ... Nur die Demokratie ist die sittlich gerechtfertigte Staatsform. Die Diktatur ist Willkürherrschaft. Sie missachtet die Menschenwürde und setzt sich über die natürlichsten Menschenrechte hinweg.*

So wichtig es für heimatbewusste Bürger des Landes gewesen ist, dieses Prädikat Provinz abzuschütteln, so kurz war dessen staatsrechtliche Existenz. Am 09. Dezember 1946 wurde der Landtag des Landes Niedersachsen eröffnet. Der Zivil-Gouverneur des Landes Niedersachsen, General *Macready*, sprach nach der Eröffnung des Landtages durch den Landtagspräsidenten und betonte, dass die Eigenart der kleineren Länder, also Braunschweig, Oldenburg und Schaumburg-Lippe, nicht aufgehoben sei. Der nunmehr Niedersächsische Ministerpräsident Kopf erklärte: *Das Land Niedersachsen ist am 01. November 1946 als Vereinigung der Länder Hannover, Oldenburg, Braunschweig, Schaumburg-Lippe entstanden ... Das Land ist kein künstliches Gebilde, sondern durch die Art seiner Bewohner, durch seine gleichartige Struktur, Tradition und wirtschaftliche Geschlossenheit ein organisch gewachsenes zusammenhängendes Ganzes.*[2]

c) Blicken wir zurück auf den Prager Friedensvertrag, auf den sich Sir Robertson bezogen hatte.[3] Mit ihm hatte Bismarck alle Kriegsziele erreicht:

- Das Territorium von Österreich bleibt unangetastet. (Bismarck wollte bestmögliche Beziehungen zu Österreich, nicht zuletzt auch wegen dessen dominanter Rolle in dem schwer durchschaubaren südosteuropäischen Raum, und dieses Land nicht durch Gebietsverluste an die Seite Napoleons III. drängen.)

- Österreich *erkennt die Auflösung des bisherigen Deutschen Bundes an und giebt seine Zustimmung zu einer neuen Gestaltung Deutschlands ohne Betheiligung des Oesterreichischen Kaiserstaates* (Art. IV.).

- Österreich wird *das engere Bundes-Verhältnis anerkennen, das Preußen »nördlich von der Linie des Mains begründen wird« und ist damit einverstanden, dass die südlich von dieser Linie gelegenen Deutschen Staaten in einen Verein zusammentreten, dessen nationale Verbindung mit dem Norddeutschen Bunde der nähern Verständigung ... vorbehalten bleibt und der eine internationale unabhängige Existenz haben wird* (Art. IV.).[4]

- Österreich überträgt seine im Wiener Frieden von 1864 erworbenen Rechte auf die Herzogtümer Holstein und Schleswig auf Preußen (Art. V.).

- *Auf Wunsch* des Kaisers Franz Joseph erklärt König Wilhelm, bei den bevorstehenden Veränderungen in Deutschland Sachsen ungeschmälert bestehen zu lassen. *Dagegen verspricht ... der Kaiser von Österreich, die von ... dem Könige von Preußen in Norddeutsch-*

land herzustellenden ... Territorial-Veränderungen anzuerkennen (Art. VI.).

Österreich hat mithin den benachbarten Bundesgenossen Sachsen gerettet gegen die Preisgabe seiner von ihm isoliert liegenden Bundesgenossen Königreich Hannover, Kurfürstentum Hessen und Herzogtum Nassau.

Preußen ließ es bei der Annexion dieser drei bisherigen Staaten des Deutschen Bundes nicht bewenden, sondern annektierte darüber hinaus die »freie Stadt Frankfurt«, die sich am 14. Juni 1866 in der Abstimmung im Bundesrat des Deutschen Bundes über den Mobilisierungsantrag gegen Preußen auf die antipreußische Seite geschlagen hatte.[5]

Die formelle Annexion des Königreichs Hannover entsprechend der Preußischen Verfassung von 1850 geschah durch Gesetz vom 20. September 1866.[6] Es setzte die Erstreckung der Preußischen Verfassung auf Hannover auf den 01. Oktober 1867 fest[7]. Bis dahin wurde auch die gesetzgebende Gewalt allein durch den König, also durch die preußische Regierung, ausgeübt, wie Bismarck vor dem Reichstag im März 1867 ausführte, nach Kriegs- und Völkerrecht eine *absolute Regierung ..., die Regierung eines Eroberers, und zwar eines solchen, der mit Ihnen Freund und Landsmann sein will und sich als solchen führt, immerhin aber doch eines Eroberers.*[8]

I. Zur Geschichte des Königreichs Hannover

a) Das Königreich Hannover war annähernd viermal größer als die anderen Staaten Niedersachsens: Oldenburg, Braunschweig und Schaumburg-Lippe insgesamt. Sie waren trotz ehrwürdiger Traditionen, insbesondere des Herzogtums Braunschweig, Kleinstaaten. Insofern hat nicht nur das Königreich Hannover sondern Niedersachsen überhaupt durch die preußische Annexion die politische Stimme von Gewicht eingebüßt.[9]

Allerdings war diese Stimme, abgesehen von 29 Jahren königlicher Residenz in Hannover von 1837 bis 1866, schon seit 1714 kaum vernehmbar, als Kurfürst Georg I. von Hannover kraft der englischen Sukzessionsakte von 1701 König von Großbritannien wurde. Hannover war *zwar nicht formal, aber doch faktisch auf den Status eines Nebenlands der englischen Krone zurückgeworfen worden.*[10] Eine eigene Stimme verblieb Hannover in den Fällen, in denen englische Interessen nicht berührt waren, also ständische Angelegenheiten des Kurfürstentums, Reichsinteressen von geringer Bedeutung, die im Reichstag verhandelt wurden, etc.[11]

Die Schattenseiten blieben nicht aus. Kurfürst Georg II. verwickelte 1756 als König von England Hannover in den Siebenjährigen Krieg; die Franzosen fielen in das Kurfürstentum ein, wurden indessen in der Schlacht von Minden 1759 von den Alliierten, darunter hannoverschen Truppen, durch Herzog Ferdinand zu Braunschweig-Lüneburg geschlagen.[11a]

Die Krone welfischen Wirkens im Kurfürstentum Hannover war die Stiftung der *Georgia Augusta*, der Georg August Universität in Göttingen im Jahre 1737, durch Kurfürst Georg II.; sie war das Werk des in London residierenden Hannoverschen Ministers *Gerlach Adolf Freiherr von Münchhausen* (1688-1770). Seinen Bemühungen ist es zu verdanken, dass die Universität bald die ausgezeichnetsten Gelehrten Deutschlands anzog.

Seit der Thronbesteigung Georgs III. (1770) hat bis 1821 kein Landesherr sein deutsches Territorium besucht. Hannover wurde von der »Deutschen Kanzlei« in London regiert.

Des Kurfürstentums Geschichte nach der französischen Revolution und während der Napoleonischen Ära lässt sich hier nur stichwortartig nachzeichnen: Die Wechselfälle der Besetzung des Landes durch ausländische Truppen während der Napoleonischen Ära (Franzosen, Preußen, Engländer, Schweden, Russen) können übergangen werden. Ab 1810 gehörte der südliche Teil des Kurfürstentums territorial zum Königreich Westphalen, der nördliche einschließlich Hannovers zu Napoleons Kaiserreich. Der Wiener Kongress vergrößerte 1814 das Territorium des Kurfürstentums erheblich (um das Fürstbistum Hildesheim; Ostfriesland, ehem. preußisch; Herzogtum Aremberg-Meppen; Goslar; das untere Eichsfeld) und erkannte es als Königreich an.[12] Die Abhängigkeit Hannovers von England führte zur Teilnahme der Hannoverschen Armee an der Schlacht von Waterloo 1815 auf der englischen, nicht auf der preußischen Seite.[13] Auf der englischen Seite waren Hannoversche Truppen auch an den Kämpfen um die Befreiung Nordamerikas von der englischen Herrschaft beteiligt.

b) Die *Stadt Hannover* verwaiste 1714 als Residenzstadt, obschon Hoftafel und Hofstaat fortgeführt wurden. Die Stadt war erst 1636 zur Herzoglichen Residenz erhoben worden und ging also schon 80 Jahre später dieses Ranges tatsächlich verlustig. Ihr kamen die weit über hundert Jahre barocker Baulust und üppiger Darstellung des legitimen *splendor*, also sichtbarer herrschaftlicher Würde, die jeder Fürst zu zeigen hatte, nicht zugute. Blickt man auf die bauliche Entwicklung der großen fürstlichen Residenzen im Range des Kurfürstentums Hannover, also etwa in Dresden, München, Stuttgart, auch Kassel, spürt man das Defizit Hannovers an *Pracht* im weitläufigen Sinne. Auch ein *Georg Ludwig Friedrich Laves* (1788-1864), der überragende Hofbaumeister nach der Rückkehr der Welfen, vermochte nicht, so wenig wie andere zeitgenössische hervorragende Architekten, die Defizite Hannovers als fürstliche Residenz völlig auszugleichen. Im Jahre 1866 setzte sich der für knapp 30 Jahre unterbrochene Bedeutungsverlust Hannovers fort. Kaiser Wilhelm II. legte Hannover im Jahre 1890 die Bezeichnung »Königliche Haupt- und Residenzstadt« bei.

c) Ein politisches Landesbewusstsein, das auf Veränderung oder Bewahrung der politischen Zustände des gerade Königreich gewordenen Landes orientiert war, entstand nach 1814. In diesem Jahr erfolgte die Konstituierung einer allgemeinen provisorischen Ständeversammlung, die als Ein-Kammer-Versammlung wirkte, bis von London aus (1819) das Zwei-Kammer-System verfügt wurde. *Graf zu Münster*, der in London lebende Leiter der »Deutschen Kanzlei«, hatte es *in einem Tone abgefasst, dessen Härte dem Princip des Oktroyirens völlig entsprach. ... Die Majorität erklärte sich gegen das Zwei-Kammer-System und forderte, das Wahlrecht bei den ständischen Abgeordneten auf alle Bürger auszudehnen, und sodann Öffentlichkeit der ständischen Verhandlung sowie Diäten für die Abgeordneten.*[14] Der Protest blieb wirkungslos, war offenbar auch nicht energisch genug. Das Königreich wurde stärker politisiert durch Aufhebung der inzwischen erlassenen, teilweise vereinbarten, teilweise oktroyierten, Verfassung von 1833 nach Thronbesteigung des *Königs Ernst August* (1771-1851) im Jahre 1837. Die daraus folgende Intervention der Zweiten Kammer des Königreichs beim Deutschen Bund führte dazu, dass Bayern, Baden, Sachsen und die thüringischen Staaten bei der Abstimmung in der Bundesversammlung, (vgl. unten S. 25) an der Rechtsgültigkeit der von Ernst August aufgehobenen Verfassung von 1833 festhielten. Im Ergebnis blieb die Intervention erfolglos. Eine von dem Osnabrücker Bürgermeister *Johann Carl Bertram Stüve* (1798-1872) verfasste Beschwerde, eine *vorzügliche Staatsschrift*,[15] gestützt durch Rechtsgutachten der Juristischen Fakultäten Heidelbergs, Tübingens und Jenas, scheiterte bereits an der Zulässigkeit.

Unmittelbar nach Aufhebung des Staatsgrundgesetzes haben die *Göttinger Sieben* ein Protestschreiben vom 18. November 1837 an das Universitäts-Kuratorium gerichtet und unter Berufung auf ihren dem Grundgesetz von 1833 geleisteten Eid den von Ernst August geforderten Huldigungseid verweigert (es handelte sich um *Wilhelm Eduard Albrecht,* Historiker und Staatsrechtler; *Friedrich Christoph Dahlmann,* Historiker und Staatswissenschaftler; *Heinrich Ewald,* Orientalist; *Georg Gottfried Gervinus,* Literaturhistoriker; *Jakob und Wilhelm Grimm,* Germanisten; *Wilhelm Eduard Weber,* Physiker). Sie wurden vom König umgehend entlassen, drei von ihnen des Landes verwiesen.

Verfassungsrechtlich entspannte sich die Lage im Jahre 1848. König Ernst August reagierte schon am 17. März 1848 im Sinne der Intentionen der Frankfurter Nationalversammlung durch Änderungen der Verfassung, die mit den Ständen vereinbart wurden und die unter anderem die Herstellung der Öffentlichkeit der Verhandlungen beider Kammern und ihr Selbstversammlungsrecht betrafen. Er berief Stüve zum Innenminister. Dessen verfassungsänderndes Gesetz vom 05. September enthielt Bestimmungen über die Presse- und Versammlungsfreiheit, die Abschaffung von Adelsprivilegien, bürgerliche Gleichberechtigung der Juden, Ausbau der Selbstverwaltung der Kommunen, Trennung der Rechtspflege von der Verwaltung; Stüve brachte im Justizwesen daneben auch die Einrichtung von Schwurgerichten auf den Weg, also von Gerichten, an denen Laien an der Rechtsfindung beteiligt waren (»Geschworene«). Hannover war mit dieser Einrichtung der erste der deutschen Staaten, die Geschworenengerichte schufen. Die einschränkungslose Annahme der Grundrechtsartikel der Frankfurter Nationalversammlung wurde indessen im Königreich Hannover verweigert. Nach dem Scheitern der Frankfurter Reichsverfassung gewann nicht nur in Hannover die Reaktion an Boden, und Stüve wurde 1850 entlassen.

d) 1851 folgte Georg V. (1819-1878) seinem Vater. In früher Jugend erblindet, besaß er gleichwohl eine umfassende Bildung, ein Freund und Förderer der Künste, komponierte auch selbst; er war sicher in der englischen, französischen und italienischen Sprache, freilich auch »durchdrungen von einem das Mystische streifenden Glauben an sein Gottesgnadentum«.[16] Gott selbst hat ihm die Souveränität über sein Königreich anvertraut, diese galt es zu wahren. Das im religiösen Sinne überhöhte Verständnis seines Herrschertums wird durch seine Worte zu Missionaren charakterisiert, die nach Australien reisten: »*Die Lage meines Reiches bekundet den Willen Gottes, dass das Welfische Haus und Land mit voller Kraft tätig sein soll, sein göttliches Wort in fremden Weltteilen auszubreiten.*«[17]

Als es Georg V. darum ging, eine Kanonenbootflottille unter preußischem Oberbefehl zu verhindern, erklärte er, Hannover sei »*von der göttlichen Vorsehung durch seine geographische Lage angewiesen, sowohl das Obergewicht des Handelns und der Schifffahrt auf diesem Meere zu erstreben als auch sich an die Spitze der Vertheidigung der Nordseeküste so wie der Mündungen der ... in dieses Meer sich ergießenden drei Ströme zu stellen.*«[18]

Zum Königreich Preußen hielt Georg V. im Gegensatz zu seinem Vater ein distanzierteres Verhältnis. Nur schwer wurde Georg im Jahre 1854 der Beitritt zum von Preußen geführten Zollverein abgerungen; dieser Beitritt war für die wirtschaftliche Entwicklung Hannovers schlechthin entscheidend. Dem Sieger in der Schlacht auf den Düppeler Schanzen, Wilhelm I., verweigerte Georg V. den Glückwunsch. Eine telegraphische Verbindung zwischen den beiden Teilen Preußens, die durch Hannover getrennt waren, verweigerte König Georg V. bis zum Schluss.

Den König charakterisierte, dass er von seinen *angestammten Unterthanen* sprach. Nachvollziehbar ist, dass es sich bei den Welfen um das angestammte Herrscherhaus der Hannoveraner handelte. Von *angestammten Unterthanen* zu sprechen, begründet zu seinen Untertanen kein Verfassungsverhältnis sondern ein feudalrechtlich possessiv zu verstehendes Verhältnis, das die Entwicklung eines bürgerlichen Freiheitssinnes nicht zuließ.

Die in den meisten Staaten des Deutschen Bundes wieder erstarkte Reaktion nach 1849 nutzte Georg V. aus, um sich von der Bundesversammlung in Frankfurt bestätigen zu lassen, dass bestimmte Teile der Verfassungsgesetzgebung von 1848 nicht auf dem verfassungsmäßigen Wege zustande gekommen seien oder dem Bundesrecht nicht entsprächen.[19] Die Zweite Kammer wurde 1855 aufgelöst und der König oktroyierte Verfassungsänderungen, die zum Teil noch über die vom Bundestag in Frankfurt verlangten Änderungen hinausgingen. Der Oktroi wurde ihm vom Bundestag entgegen Art. 56 der Wiener Schlussakte von 1820 erlaubt.[20a] Unter anderem wurden sämtliche politischen Prozesse, wie auch Pressevergehen, den Schwurgerichten entzogen.[20] Seine Politik nahm »eine reaktionäre Wendung«.[21]

Kontakte zwischen *Bismarck* und Georg V. entstanden in Bismarcks Frankfurter Gesandtenzeit (1851-1858). Bismarck war des Königs reaktionäre Politik in Preußens größtem Nachbarstaat von seiner eigenen politischen Einstellung her willkommen. Der Kontakt ging vom König aus. Bismarck besuchte Hannover im Jahre 1853, informierte sich zunächst eingehend bei dem hannoverschen Minister *v. Ompteda*, besuchte den König und schrieb nach seiner Unterredung mit ihm auf dessen Bitte eine Stellungnahme, die den König darin bestärken sollte, dass die Rechte, *welche in einem monarchischen Staate notwendig dem Landesherrn verbleiben müssen*, von König Georg gewahrt werden; er warnte davor, dass nicht die Grundlagen des monarchischen Staates *durch die anhaltende Wirksamkeit einer Verfassung von so auflösender Natur wie die jetzige zerstört* werden;[22] aber er bemerkte auch *die überschwängliche Auffassung, die der König Georg V. von seiner und seiner Dynastie Mission hatte.*[23] Er war der verspätete absolute Monarch. Seine Minister waren *seine* Minister. Neben ihnen stand allerdings eine ihm ergebene Beratergruppe, in keiner Weise legitimiert, aber von größerem Einfluss als die Minister. Graf zu Münster, der Sohn des einflussreichen Grafen Münster in der Frühzeit des Königtums, erklärt Ende Juni 1866 der Königin Marie, um Wiederherstellung des Königtums bemüht: *Es sei die Stimmung im Lande so sehr gegen sie* [die Berater] *aufgebracht, dass ein Weiterregieren mit diesen Leuten (die ich mit noch stärkeren Ausdrücken bezeichnete) unmöglich*[24] sei. Die Königin, so Graf Münster, teilte seine Ansicht. Auf ihre Bitte besuchte Graf Münster den König in Altenburg, seinem ersten Exilaufenthalt im Lande seines Schwiegervaters, des Herzogs von Sachsen-Altenburg. Dem König sagt er: »*Die Rückkehr des Königs wünscht jeder, die Rückkehr des Regierungssystems niemand.*«

e) In den seinerzeit bedeutsamen staatskirchenrechtlichen Fragen war es Georg V. wichtig, dass die katholischen Christen und die katholische Kirche in seinen katholischen, 1814 dazu gewonnenen, Landesteilen sich gleichberechtigt sahen. Er hat die Querelen um die Besetzung des vakanten Osnabrücker Bischofstuhles, den der Staat ausschließlich aus finanziellen Gründen nicht besetzt hatte, im Jahre 1857 beendet. Er hat auch zum ersten Mal einen Katholiken zum Minister berufen, *Ludwig Windthorst* (1812-1891), vermutlich sogar der erste katholische Minister in einem evangelisch geprägten Bundesstaat überhaupt.[25] Windthorsts Treue zum Welfenhaus, die er auch nach 1867 in den parlamentarischen Debatten des Reichstages und des Preußischen Abgeordnetenhauses offen bekannte, findet vermutlich auch in der Fürsorge des Königs für den katholischen Teil seiner Untertanen eine Wurzel.

Was seine eigene Kirche, die evangelisch-lutherische betrifft, so hatte er den seltsamsten Streit auszufechten der zu jener Zeit möglich war. Statt des geltenden Landeskatechismus aus dem 19. Jahrhundert wollte er zurück zu einem solchen aus der Zeit des Dreißigjährigen Krieges.[26] Die Sache ging für den König nicht gut aus. Die Bevölkerung im Königreich, damals noch weit überwiegend nicht nur evangelisch-lutherischer Konfession sondern auch kirchlich gebunden, protestierte so heftig durch Demonstrationen in der Residenzstadt, dass das den Auffassungen des Königs schon zugeneigte Konsistorium ihm riet, die pflichtmäßige Einführung des Katechismus nicht weiter zu verfolgen. Der Ausweg des Königs war, die Entscheidung den Kirchengemeinden zu überlassen.

Wesentlicher war für die hannoversche evangelisch-lutherische Landeskirche, dass Georg V. 1864 eine einheitliche Kirchenvorstands- und Synodalordnung erlassen hatte, wodurch erst die Kirche im Königreich ein kirchenrechtlich eigenes, zeitgemäßes Fundament erhielt, während bis dahin nur in der Person des Königs als des summus episcopus die Einheit der Landeskirche sich darstellte. Diesem Akt folgte 1866, unmittelbar vor dem Abschied Georgs V. von Hannover, die Errichtung des Landeskirchenamtes als der administrativen Klammer der verschiedenen lutherischen Landesteile. Beides hat dazu beigetragen, dass die hannoversche Landeskirche nach der Annexion, trotz entgegenstehender Wünsche des Königs Wilhelm I., ihre Selbstständigkeit gegenüber dem Anschluss der Kirche an die altpreußische Union behaupten konnte.[26a]

f) Einige Monate vor den Ereignissen von 1866 wurde Windthorst, wie das gesamte Ministerium überhaupt, entlassen. Zweimal (1851-1853, 1862-1865) war er zuvor vom König zum Justizminister berufen worden. Windthorst wusste, dass klarer Widerspruch gegen die Auffassungen des Königs diesen nur mehr in seiner Meinung befestigte und die Position des Ministers als des eigentlich berufenen Ratgebers schwächte. Georg V. wurde im Jahre 1865 gegen Windthorst und seine Kollegen *v. Hammerstein, Lichtenberg* und *Erxleben* voreingenommen, weil des Königs Berater ihm erklärten, dieses Ministerium führe ihn in Wahlrechtsfragen auf demokratische Abwege. Des Königs strikte Haltung gegenüber jeder Beeinträchtigung seiner Souveränität lässt an den eben referierten Ratschlag Bismarcks aus seiner Frankfurter Zeit denken, der sich gleichfalls auch auf das Wahlrecht bezogen hatte. In einer gemeinsamen Eingabe versuchten die genannten Minister, dem König die Gefahren vorzustellen, die dem Land aus der Durchführung seiner Politik erwüchsen. Aber den Ministern wurde im Auftrag des Königs mitgeteilt, sie hätten eine Form gewählt, die *der Dienst nicht kennt*. Er wolle die Eingabe als nicht erhalten ansehen. Die Minister reichten daraufhin ihren Rücktritt ein, der vom König mit ungnädigen Worten genehmigt wurde.

Einige Monate später brach der Krieg aus. Im vertrauten Kreise äußerte sich Windthorst offen: *Ich bin froh, dass ich nicht verantwortlich bin für die Ratschläge, die da erteilt sind.*[27]

Erst nach der Annexion Hannovers wurde dem König Windthorsts Rat wichtig. Er war dessen Bevollmächtigter, als es um einen Vertrag zur Regelung der vermögensrechtlichen Verhältnisse König Georgs V. ging (vgl. S. 79ff).

II. Der Deutsche Bund und seine Probleme

a) Für das Verständnis der Zeit des Deutschen Bundes, der das Band um Deutschland bildete, ist Art. 1 der Deutschen Bundesakte von 1815 maßgebend:[28]
Die souverainen Fürsten und freien Städte Deutschlands … vereinigen sich zu einem beständigen Bunde, welcher der deutsche Bund heißen soll.

Art. 13 verfügt:
In allen Bundesstaaten wird eine Landständische Verfassung stattfinden.

Die Wiener Schlussakte von 1820, das zweite Grundgesetz des Deutschen Bundes, bestimmt des näheren in Art. 1:
Der Deutsche Bund ist ein völkerrechtlicher Verein der deutschen souverainen Fürsten und freien Städte, zur Bewahrung der Unabhängigkeit und Unverletzbarkeit ihrer im Bunde begriffenen Staaten und zur Erhaltung der inneren und äußeren Sicherheit Deutschlands.

Art. 2 ergänzt:
Dieser Verein besteht in seinem Innern als eine Gemeinschaft selbstständiger unter sich unabhängiger Staaten, … in seinen äußeren Verhältnissen aber als eine in politischer Einheit verbundene Gesammt-Macht.

Zu dem Art. 13 der Deutschen Bundesakte heißt es in Art. 57 der Wiener Schlussakte einschränkend:
Da der Deutsche Bund, mit Ausnahme der freien Städte, aus souverainen Fürsten besteht, so muss dem hierdurch gegebenen Grundbegriffe zufolge die gesammte Staats-Gewalt in dem Oberhaupte des Staates vereinigt bleiben und der Souverain kann durch eine landständische Verfassung nur in der Ausübung bestimmter Rechte an die Mitwirkung der Stände gebunden werden.

Entsprechend schmal ist die Zuständigkeit des Bundes nach Art. 2 der Deutschen Bundesakte:
Der Zweck desselben [des Deutschen Bundes] ist Erhaltung der äußeren und inneren Sicherheit Deutschlands und der Unabhängigkeit und Unverletzbarkeit der einzelnen deutschen Staaten.

Lediglich Art. 19 der Bundesakte behält den Bundesgliedern vor, *wegen des Handels und Verkehrs ... so wie wegen der Schifffahrt ... in Berathung zu treten.*

Die Wiener Schlussakte sieht, gleichsam ein Alibi, als letzten Artikel sachlicher Regelungen (Art. 64) vor:
Wenn Vorschläge zu gemeinnützigen Anordnungen, deren Zweck nur durch die zusammenwirkende Theilnahme aller Bundesstaaten vollständig erreicht werden kann, von einzelnen Bundesgliedern an die Bundes-Versammlung gebracht werden und diese sich von der Zweckmäßigkeit der Ausführbarkeit solcher Vorschläge im Allgemeinen überzeugt, so liegt ihr ob, die Mittel zur Vollführung derselben in sorgfältige Erwägungen zu ziehen, und ihr anhaltendes Bestreben dahin zu richten, die zu dem Ende erforderliche freiwillige Vereinbarung unter den sämtlichen Bundes-Gliedern zu bewirken.

Es lässt sich im öffentlichen Recht kaum eine Norm vorstellen, die so perfekt eine Entwicklung einzuleiten erlaubt, indem eben diese Norm jede Anstrengung hierzu aussichtslos erscheinen lässt.

Umso ausführlicher und präziser regeln indessen die Art. 25 und 26 der Wiener Schlussakte die gegenseitigen Beistandspflichten zur Aufrechthaltung der innern Ruhe und Ordnung in den Bundesstaaten, insbesondere bei Widersetzlichkeit der Unterthanen gegen die Obrigkeit.

Themen waren folglich, abgesehen von der Organisation der einzelstaatlichen Militärkontingente im Kriegsfall, »Maßregeln-Gesetze« zur Erhaltung und Befestigung der inneren Ruhe und Ordnung in Deutschland und die Karlsbader Beschlüsse von 1819

(Universitätsgesetz, Pressgesetz, Untersuchungsgesetz und eine Exekutionsordnung).[29]

Maßgebendes Organ des Deutschen Bundes war die *Bundesversammlung* (auch Bundestag genannt), ein reiner Gesandtenkongress, in dem die Botschaften der Regierungen zu den einzelnen Tagesordnungspunkten zu übermitteln waren. Die Bundesversammlung umfasste 17 Mitglieder; nur elf Bundesstaaten hatten einen eigenen Gesandten, die anderen Gesandten vertraten mehrere Regierungen, hatten also auch gegebenenfalls die Aufgabe, unterschiedlichen Instruktionen der Regierungen, die sie vertraten, zu folgen.

Das statische, allein auf monarchische Souveränität gegründete und aus ihm sich rechtfertigende Stabilitätsdenken des Deutschen Bundes selbst verfehlte, wie die Wiener Schlussakte und die Karlsbader Beschlüsse zeigten, das durch die Französische Revolution und durch die Freiheitskriege provozierte Freiheitsverständnis der Untertanen der einzelnen Bundesstaaten im Sinne des *citoyen*, ließ also nicht nur das Verständnis der politischen Kräfte der vergangenen dreißig Jahre in Kontinentaleuropa vermissen, sondern machte sich zugleich unfähig, ökonomische Entwicklungen zu begreifen und einzuordnen wie die unvorhersehbaren Möglichkeiten etwa des Eisenbahnverkehrs und des Telegraphenwesens, die staatlichen Grenzen der 38 Territorien des völkerrechtlichen Vereins Deutscher Bund ad absurdum führten.[30]

b) Im *Zollverein von 1834*, keine Veranstaltung des Deutschen Bundes, dessen führendes Mitglied Preußen war (erst seit 1854 wegen der preußischen Dominanz war auch Hannover Mitglied), hatte zum ersten Male die Wirtschaftspolitik ihre Kraft offenbart und Verfassungsgedanken aus der Welt der Ideen auf die Erde projiziert.[31] Preußen hielt Österreich von ihm fern, behandelte die kleineren Mitglieder des Zollvereins rücksichtsvoll, aber war letztlich als Keim preußischer Führungsmacht in Deutschland zu verstehen.[31a]

Die *Reichsverfassung von 1849* nach der Revolution von 1848 sollte den Deutschen Bund ersetzen. Ihre Hauptthemen waren die Grundrechte, die Vertretung des deutschen Volkes durch einen Reichstag, der durch unmittelbare und gleiche Wahlen zu wählen war und auf der anderen Seite ein Kompetenzkatalog, der den inzwischen entstandenen ökonomischen und kommunikativen Bedürfnissen des Gebietes des Deutschen Bundes durch eine starke »*Reichsgewalt*« befriedigen sollte (Verkehrswege durch Eisenbahnen, Landstraßen und Schifffahrtswege; Handel und Wirtschaft; Post- und Telegraphenverkehr sowie Münzwesen, Zölle, Gewerbeordnung, Justizwesen). Ein wichtiges Thema war die Etablierung eines Staatsoberhauptes.

Der preußische König Friedrich Wilhelm IV. lehnte die ihm von einer Deputation der Nationalversammlung am 03. April 1849 angebotene Kaiserkrone ab; er erkenne *die Stimme der Vertreter des Deutschen* Volkes. Aber er wolle *Deutschlands Einheit nicht aufrichten, ... ohne das freie Einverständnis der gekrönten Häupter, der Fürsten und freien Städte Deutschlands.* Es sei Sache der Regierungen in gemeinsamen Beratungen die Verfassung zu prüfen. Die Deputation sah die beschlossene Verfassung vom König zu einer bloßen Beratungs-Vorlage derangiert und quittierte die Erklärung des Königs mit der Feststellung, er habe die Kaiserkrone abgelehnt.

Die Begegnung zwischen dem preußischen König und der Deputation der Deutschen Nationalversammlung war genau besehen die Konfrontation zwischen Geltung und Ablehnung des Gottesgnadentums als Legitimation der Kaiserwürde. Die Nationalversammlung hatte als Versammlung der Vertreter des deutschen Volkes Friedrich Wilhelm IV. zum »Kaiser der Deutschen« gewählt.

Friedrich Wilhelm IV. lag ersichtlich daran, Kaiser durch die Legitimierung der legitimen Souveräne des Deutschen Bundes zu werden. Solche Legitimitätsbegründung ist lediglich *Ausdruck für die Stabilisierung einer gegebenen Machtlage.*[31b] *Das Gottesgnadentum, das zur Begründung des monarchischen Prinzips dienen sollte, war seinerseits leerlaufend und selbst nur eine politische Funktion.*[31c]

Am gleichen Tage der Ablehnung lud indessen die preußische Regierung zu neuen Verhandlungen ein. Der König sei bereit, *auf den Antrag der deutschen Regierungen und unter Zustimmung der Deutschen Nationalversammlung* an die Spitze eines deutschen Bundesstaates zu treten, der sich aus denjenigen Staaten bilde, welche diesem Bundesstaat aus freiem Willen sich anschließen. Die preußische Regierung fasste also als Möglichkeit eines preußisch geführten Bundesstaat innerhalb des Staatenbundes Deutscher Bund ins Auge. Österreich und die Königreiche des Deutschen Bundes lehnten ab, von den anderen Staaten haben achtundzwanzig erklärt, dass sie die *von der Nationalversammlung beschlossene Verfassung des Deutschen Reiches anerkennen und annehmen*.[31d]

Die preußische Initiative scheiterte wie weitere des Jahres 1849. Mehr als zwölf Jahre vor der Berufung Bismarcks zum preußischen Ministerpräsidenten wurde allenthalben ein von Preußen geführter Bundesstaat mit Beschränkungen der Souveränität der Einzelstaaten als die positive Alternative zum Deutschen Bund angesehen.

Mit dem *Scheitern der Reichsverfassung* war das Thema der Ersetzung des Deutschen Bundes durch einen Bundesstaat nicht erlediget. In der »Eisenacher Erklärung liberaler und demokratischer Politiker zur deutschen Nationaleinigung« von 1859, einer Erklärung von Angehörigen teils der demokratischen, teils der konstitutionellen Partei, wird die Ersetzung der Bundesversammlung der Vertreter der Souveräne Deutschlands in Frankfurt/Main durch eine *feste, starke und bleibende Zentralregierung Deutschlands ... und ... eine Deutsche Nationalversammlung* gefordert. Hierzu habe Preußen die Initiative zu übernehmen. Die »*Vaterlandsfreunde*« der beiden genannten Parteien sollen die Forderungen der jeweiligen Partei zurückstellen »*und für die Erreichung einer kräftigen Verfassung Deutschlands in Eintracht und Ausdauer zusammenwirken*«.[32]

Im gleichen Jahr wurde der deutsche Nationalverein gegründet. Führende Mitglieder waren die Mitglieder der Zweiten Kammer der hannoverschen Ständeversammlung, *Rudolf von Bennigsen* und *Johannes Miquel*.[33] Im Jahre 1860 erklärte der Nationalverein, die tragende politische Körperschaft zur Errichtung einer Einheit Deutschlands ohne Österreich, zur deutschen Verfassungsfrage: Das deutsche Volk werde seinen Anspruch auf bundesstaatliche Einheit nimmermehr aufgeben. Die Reichsverfassung von 1849 habe diesem Anspruch seinen rechtlichen Ausdruck gegeben. Der Nationalverein werde *auf die Schaffung einer einheitlichen Zentralgewalt und eines deutschen Parlaments mit allen gesetzlichen Mitteln* hinwirken. Zu den Befugnissen der Zentralgewalt gehöre vor allem die militärische Obergewalt und die ausschließliche Vertretung gegenüber dem Ausland. Es gehe ebenso um *den ungehemmtesten geistigen und wirtschaftlichen Verkehr.* Der Nationalverein erwarte, dass das preußische Volk *sich als Theil des deutschen Volkes fühle und dass es gleich jedem andern Staate Deutschlands der deutschen Centralgewalt und Volksvertretung sich unterordne.* Werde die preußische Regierung unerlässliche Schritte zur Herstellung der deutschen Einheit tun, werde gewiss das deutsche Volk *vertrauensvoll die Centralgewalt dem Oberhaupt des größten reindeutschen Staates übertragen.* Die deutschen Provinzen Österreichs seien natürliche Bestandteile Deutschlands und man würde den Anschluss dieser Provinzen an das geeinte Deutschland begrüßen.

Eine Kommission des Preußischen Abgeordnetenhauses, betreffend die Deutsche Frage, erklärt in ihrem Beschluss von 1862, die Deutsche Bundesakte von 1815 habe schon seinerzeit die öffentliche Meinung nicht befriedigt; Ruhe und Ordnung seien *im Sinne eines absolutistischen Doktrinarismus den konstitutionellen Bestrebungen gegenüber aufrechterhalten worden und der Bundestag der Bundesgesandten sei das Instrument für polizeiliche Überwachung und Unterdrückung, die Feuer-Löschanstalt, mit der ihn Fürst Metternich und Minister von Manteuffel*[34] *zu vergleichen liebten.* Die Kommission berief sich auf die Thronrede Wilhelms I. nach der Übernahme der Königswürde, in der Bemühungen um eine Reform verkündet wurden, *welche, den wirklichen Machtverhältnissen entsprechend, die Kräfte des Deutschen Volkes energischer zusam-*

menfassen und Preußen in den Stand setzen, den Interessen des Gesammt-Vaterlandes mit erhöhtem Nachdruck förderlich zu werden. Zum Antrag an das Plenum wurde die Erwägung erhoben, dass ... *nur die Herstellung einer einheitlichen Centralgewalt zur Leitung der militairischen, diplomatischen und handelspolitischen Angelegenheiten in fest begrenzter Kompetenz unter Mitwirkung einer Deutschen Volksvertretung die Wahrnehmung der gemeinschaftlichen Interessen der Nation bei voller Aufrechterhaltung der inneren Selbstständigkeit der Einzelstaaten sichern kann.*[35]

Demgegenüber vertrat das Programm des Deutschen Reformvereins vom 28.10.1862 die großdeutsche Lösung. Anstelle der gewählten Nationalvertretung forderte sie eine Delegiertenversammlung aus den Ständen der Einzelstaaten, forderte allerdings, wenn auch diffus, die *Schaffung einer kräftigen Bundes-Exekutiv-Gewalt* und erklärt zur Reform, dass *allen deutschen Staaten das Verbleiben in der vollen Gemeinsamkeit möglich erhalten* muss.[36] Mithin ging es beiden Reform-Vereinen jedenfalls um die Stärkung der Exekutive oberhalb der Souveränität der Einzelstaaten.

c) Der Kampf um die Bundesreform beherrschte die Öffentlichkeit, als Bismarck im September 1862 das Amt des Ministerpräsidenten und des Ministers der auswärtigen Angelegenheiten antrat.[37] *Theodor Mommsen*, Mitglied der Preußischen Fortschrittspartei, hatte im Jahre 1865 in einem offenen Brief formuliert: Es müsse Schluss sein mit jenem *Souveränitätsschwindel, der an dem Marke Deutschlands zehrt.*[38] Bismarck stand auf dem gleichen Standpunkt: *Die territoriale Souveränität der einzelnen Fürsten hatte sich im Lauf der deutschen Geschichte zu einer unnatürlichen Höhe entwickelt; die einzelnen Dynastien, Preußen nicht ausgenommen, hatten an sich dem deutschen Volk gegenüber auf Zerstückelung des letztern für ihren Privatbesitz auf den souveränen Antheil am Leibe des Volkes niemals ein höheres historisches Recht, als unter den Hohenstaufen und unter Karl V. in ihrem Besitz war. Die unbeschränkte Staatssouveränität der Dynastien ... war eine revolutionäre Eigenschaft auf Kosten der Nation und ihrer Einheit.* Maßstab für sein, Bismarcks, Handeln im Rahmen des Deutschen Bundes sei die Erwartung gewesen, dass

Deutscher Fürstentag, Frankfurt am Main im September 1863,
Kaiser Franz Josef I. von Österreich umgeben
von König Georg V. von Hannover (rechts) und
König Maximilian II. von Bayern (links).
Anwesend waren alle Vertreter der deutschen Staaten und Städte,
König Wilhelm I. von Preußen blieb auf Anraten seines
Ministerpräsidenten Otto von Bismarck dem Fürstentag fern,
Fotografie von 1863

eine Reform der Bundesverfassung möglich sein werde, durch die das Deutsche Volk der Verwirklichung seines Anspruchs auf völkerrechtliche Existenz als eine der großen europäischen Nationen Aussicht erhalten hätte.[39]

Bismarck konnte sich jedenfalls einer öffentlichen Debatte erfreuen, die der Nationalverein im preußischen Sinne angestoßen hatte.

Im Jahre 1863 forderten die in Frankfurt versammelten Fürsten den preußischen König auf, der »Reformakte des Deutschen Bundes« beizutreten. Bismarck verhinderte die Beteiligung Preußens an dem Frankfurter Fürstentag, weil diese sogenannte »Frankfurter Reformakte« vom September 1863 seinen Vorstellungen nicht genügte. In einem abschließenden Schreiben König Wilhelms wurden die drei Punkte benannt, deren Erfüllung Bismarck zur Vorbedingung einer Beteiligung an gemeinsamen Plänen zur Bundesreform für entscheidend hielt: Erstens ein Veto Preußens und Österreichs gegen jeden Bundeskrieg, der kein Verteidigungskrieg ist, sodann die volle Gleichberechtigung Preußens und Österreichs beim Vorsitz und in der Leitung der Bundesangelegenheiten und schließlich eine Volksvertretung nach Maßgabe direkter Wahl.[40]

Bismarck war mit seiner Forderung einer direkt und mit gleichem Stimmrecht gewählten Volksvertretung nicht zum Demokraten geworden. Er war der Überzeung, *dass das künstliche System indirekter und Klassenwahlen ein viel gefährlicheres ist, indem es die Berührung der höchsten Gewalt mit den gesunden Elementen ... des Volkes ... verhindert. In einem Lande mit monarchischen Traditionen und loyaler Gesinnung wird das allgemeine Stimmrecht, indem es die Einflüsse der liberalen Bourgeoisie-Klassen beseitigt, auch zu monarchischen Wahlen führen ...*[40a] Seinem König erklärte er es so: *Das Element, welches berufen ist, die Sonder-Interessen der einzelnen Staaten im Interesse der Gesammtheit Deutschlands zur Einheit zu vermitteln, wird wesentlich nur in der Vertretung der Deutschen Nation gefunden werden können.* Diese Nation hatte im Deutschen Bund keine eigene Stimme. Erwartbar war allerdings auch, dass in einer nationalen Repräsentation Preußen das ihm nach seiner Einwohnerzahl gebührende Gewicht erhalten konnte. Preußen, so sagte Bismarck 1864 vor der Antragskommission des Preußischen Abgeordnetenhauses, könne sich nicht majorisieren lassen, etwa durch eine Mehrheit, die nur ein paar Millionen Einwohner repräsentiere. Damit hatte Bismarck auf die Stimmenverhältnisse in der Bundesversammlung angespielt, die Preußen und Österreich mit je einer Stimme das gleiche Gewicht verlieh wie etwa das des Gesandten, der die beiden Mecklenburgischen Großherzogtümer vertrat.

Die konträren Positionen haben die Debatte über die Bundesreform auf der politischen Ebene zum Stillstand gebracht, zumal nunmehr die Schleswig-Holsteinische Frage, die im Ergebnis das auslösende Moment für den Krieg von 1866 war, die politische Bühne beherrschte.

III. Schleswig-Holstein als auslösendes Moment für den Krieg des Jahres 1866

a) Der Friedensvertrag von Wien (vom 30. Oktober 1864) zwischen Österreich und Preußen einerseits, Dänemark andererseits beendete den zweiten Deutsch-Dänischen Krieg. In diesem Vertrag verzichtete Dänemark auf alle Rechte auf die Herzogtümer Schleswig, Holstein und Lauenburg zugunsten Österreichs und Preußens. Im August 1865 schlossen Österreich und Preußen die *Konvention von Gastein*.[40b] Dort wurde vereinbart, dass unbeschadet der Fortdauer der Rechte beider Mächte an der Gesamtheit der Herzogtümer die Ausübung dieser Rechte in Schleswig auf Preußen und in Holstein auf Österreich übergehen solle. Die Rechte aus dem Wiener Vertrag über das kleine Herzogtum Lauenburg überließ Österreich Preußen gegen eine Zahlung von zweieinhalb Millionen Dänischen Reichstalern. Wer Landesherr von Schleswig-Holstein werden könne, ließ die Konvention offen. Preußen strebte für alle erkennbar die eigene Landeshoheit an, Österreich und die Mehrheit der Bundesstaaten dagegen die Einsetzung des Erbprinzen Friedrich von Schleswig-Holstein-Sonderburg-Augustenburg als Landesherrn.

Österreich machte Preußen im Gasteiner Vertrag hinsichtlich Holsteins diejenigen Konzessionen, zu denen Preußen, wie Bismarck dem Erbprinzen erklärte, eine Landesherrschaft der Augustenburger über Schleswig-Holstein akzeptieren könnte: Rendsburg als Bundesfestung mit preußischer Besatzung, der Hafen von Kiel ein Kriegshafen des Bundes unter vorläufiger preußischer Herrschaft, Bau des Nordostseekanals und Beaufsichtigung des Kanals durch Preußen. Der Erbprinz, schon vor Ausbruch des Krieges mit den preußischen Forderungen konfrontiert, konnte sich damit nicht anfreunden. Bismarck kommentierte, allzu lakonisch: *Ich musste unsere Forderung als abgelehnt, eine weitere Verhandlung als aussichtslos betrachten*, obschon Bismarck bei dem Erbprinzen nicht mehr *als einen Ausdruck der Unentschiedenheit* wahrgenommen hatte.[41]

Im Januar 1866 bot sich für Bismarck die Gelegenheit, einen Konflikt mit Österreich trotz des auf einstweiligen Frieden hin geschlossenen Abkommens von Bad Gastein zu schüren. Österreich hatte in diesem Monat in Altona eine Versammlung der Schleswig-Holsteinischen Vereinigung zugelassen, auf der die Einberufung der Schleswig-Holsteinischen Ständeversammlung gefordert wurde. Bismarck wertete in einer Depesche nach Wien diesen Umstand umgehend drei Tage später als Duldung Österreichs auf Zulassung revolutionärer Umtriebe. Gegen Ende heißt es: *Wir müssen, wenn die von uns aufrichtig angestrebte intime Gemeinsamkeit der Gesamtpolitik beider Mächte sich nicht verwirklichen lässt, für unsere ganze Politik volle Freiheit gewinnen und von derselben den Gebrauch machen, welchen wir dem Interesse Preußens entsprechend halten.*[42]

Dies war eine Drohung; die offen ließ, ob sie nur politisch gemeint war. Österreich verwahrte sich mit Schreiben vom 07. Februar 1866 in einer argumentativ und im Ton überlegenen, voll auf die geschehenen Tatsachen gestützten Antwort gegen die Anschuldigungen Bismarcks.[43] Offenbar hatte Bismarck mit seiner Depesche vom Januar den Bogen überspannt: Am 21. Februar beschloss der Ministerrat unter Vorsitz des Kaisers Franz Joseph, nicht mehr zurückzuweichen und *sich nicht ohne Schwertstreich an Ehre, Ansehen und Einfluss verkleinern und aus wohl erworbenen Stellungen verdrängen* zu lassen.[44] Das bedeutete Kriegsbereitschaft Österreichs und demgemäß Aufrüstung.

Nach dem Kronrat König Wilhelms I. am 28. Februar 1866 gingen die Teilnehmer davon aus, dass die Entscheidung über Krieg und Frieden in naher Zukunft bevorstehe.[45] Alsbald beschuldigten sich beide Seiten zu Recht, auf den Krieg zu rüsten. Bismarck erklärte, in einem Runderlass vom 24. März 1866 an Preußens Gesandte, dass er sich auf die Zuverlässigkeit eines österreichischen Bündnisses und über die wahren Gesinnungen des Wiener Kabinetts keinen Täuschungen hingebe, und, nunmehr die nationale deutsche Karte ohne Österreich mit dem preußischen Machtinteresse identifizierend, fügte er hinzu: *Preußen ist durch seine Stellung, seinen deutschen Charakter und durch die deutsche Gesinnung seiner Fürsten vor allem und zunächst darauf angewiesen, diese Garantien in Deutschland selbst zu suchen. Auf dem Boden der deutschen Nationalität und in einer Kräftigung der Bande, welche uns mit den übrigen deutschen Staaten verbinden, dürfen wir hoffen und werden wir immer zuerst versuchen, die Sicherheit der nationalen Unabhängigkeit zu finden.* Preußen sehe die Notwendigkeit, eine den realen Verhältnissen Rechnung tragende Reform des Bundes in Anregung zu bringen.[46] Die Gesandten Preußens an den deutschen Höfen waren damit über einen Hauptpunkt der Bismarck'schen Bundespolitik informiert: über den Ausschluss Österreichs aus dem Bund.

Der nächste Schritt Preußens war unmittelbar strategisch-militärischer Art: Auf Anregung des preußischen Generalstabschefs *v. Moltke* schlossen Preußen und Italien (damals noch ohne den Kirchenstaat) am 08. April 1866 einen Bündnisvertrag. Mit ihm sollte Österreich im Kriegsfalle in einen Zwei-Fronten-Krieg verwickelt werden.[47] Art. 2 lautete:

Wenn die Unterhandlungen, welche ... Preußen mit den anderen deutschen Regierungen in Absicht auf eine den Bedürfnissen der deutschen Nation entsprechenden Reform der Bundesverfassung eröffnet hat, scheitern sollten, und infolge dessen seine Majestät in die Lage kämen, die Waffen zu ergreifen, um seine Vorschläge zur Geltung zu bringen, so wird Seine italienische Majestät ... den Krieg gegen Österreich erklären. Nach Art. 3 und 4 des Vertrages würde keine Partei ohne die Zustimmung des anderen Frieden schließen, doch könne die Zustimmung hierzu nicht verweigert werden, wenn Österreich einwillige, Venetien an Italien und an Preußen österreichische Gebiete, die diesem Königreich an der Bevölkerungszahl gleichkommen würden, abzutreten. Gemäß Art. 5 sollte der Vertrag binnen dreier Monate erlöschen, wenn bis dahin Preußen Österreich den Krieg nicht erklärt hat.

Art. 5 verriet also schon eine zeitliche Vorstellung Bismarcks über mögliche nachfolgende Ereignisse. Der Vertrag war ein Geheimvertrag. Aber auch ohne diesen Charakter hatte der Vertrag gegen das Bundesrecht (Art. 11 Abs. 3 der Bundesakte) verstoßen.

In gleicher Weise trifft dies auf den Österreichisch-Französischen Geheimvertrag vom 12. Juni 1866 zu: Dieser Vertrag sichert Frankreich, nach einem österreichischen Sieg, »die Erwerbung des Rheins« zu. Der Rhein wurde in dem Vertrag nicht ausdrücklich genannt, aber die Vertragsteile wussten, was Frankreich eventuell zu fordern berechtigt sein sollte.[48]

b) Im Innern versuchte Bismarck, seinerseits einen Zwei-Fronten-Krieg zu vermeiden. Ein Gespräch Bismarcks mit dem Kurprinzen von Kurhessen noch am 14. Juni 1866 – den Deutschen Bund hatte Preußen bereits verlassen – verlief erfolglos.[49] Das Feld Hannover war für Bismarck schwieriger zu bestellen. Bereits am 30. März 1866 antwortete Hannover auf eine Anfrage aus Berlin, ob Preußen auf militärische Unterstützung rechnen könne, wenn es von Österreich angegriffen werde. In der Antwort sieht sich Hannover bei den Mächten, die unparteiisch sind und deren Vermittlungsversuche deshalb nicht zurückgewiesen werden könnten. Der König habe, wie der österreichische Gesandte in Hannover, *Graf Ingelheim*, berichtet, bei der Beratung der Antwort erklärt, er werde nie eine feindliche Stellung gegen Österreich einnehmen.[50]

Prinz *Karl v. Solms-Braunfels*, ein Halbbruder des Königs und in österreichischen Diensten, erhielt von Kaiser Franz Joseph den Auftrag, die Auffassungen König Georgs für den Fall des Ausbruchs des Krieges festzustellen. Unter dem 05. Mai 1866 berichtete der Prinz ausführlich,[51] der König sei entschlossen, *falls seine königlichen Rechte angegriffen würden, sich aufs äußerste zu verteidigen*. Für diesen Fall, so die Botschaft des Prinzen Solms an Georg V., stelle der Kaiser die österreichische Brigade Kalik, zu jener Zeit in Holstein stationiert, für eine Vereinigung mit der hannoverschen Armee unter dem gemeinsamen Oberbefehl des österreichischen Generals *v. Gablenz* zur Verfügung. In einem solchen Falle werde der Kaiser König Georg *die Erhaltung der Integrität des Königreichs Hannover in allerhöchstseinem Namen garantieren*. Eine Neutralität Hannovers, so die Auffassung Georgs V. nach des Prinzen Bericht, sei illusorisch, weil die Benutzung der sogenannten

Etappenstraßen und der Eisenbahnen zwischen dem westlichen und östlichen Teil Preußens durch hannoversches Gebiet für größere preußische Truppenverbände die Neutralität verletzten würde. Eine solche Benutzung konstatiere einen Angriff auf die königlichen Rechte und die des Königreiches. Infolgedessen gehe es gar nicht mehr um die Frage, auf welcher Seite man zu stehen habe.

Bismarck schickte am 10. April beunruhigt eine Depesche an den Gesandten in Hannover *Prinz Ysenburg*: Die Nichtentlassung der Reserven trotz abgeschlossener Manöver *verrathen eine Tendenz, welche geeignet ist, uns über die Absichten derselben ernste Zweifel und Bedenken zu erregen.* Prinz Ysenburg wurde angewiesen, diese Erwägungen dem Hannoverschen Minister des Auswärtigen *Grafen Platen in freundschaftlichster Weise ... auszusprechen*.[52] – Dass dies geschehen ist, darf man annehmen. Gleichwohl ordnete Hannover am 5. Mai die Einberufung der Beurlaubten an. Der österreichische Gesandte in Hannover, *Graf Ingelheim*, berichtet am 7. Mai befriedigt nach Wien, *dass die Urlauber berufen seien und damit der Effektivstand der hannoverschen Truppen auf 12.000 bis 15.000 Mann gebracht werde. Die Sicherung, der disponiblen Staatsgelder, Waffen, Munition usw. werde möglichst unauffällig beschleunigt. Der Kriegsbedarf an Pferden werde innerhalb von acht Tagen befriedigt werden können. König Georg V. werde dann auch dem General von Gablenz, der den österreichischen Truppen in Holstein die hannoverschen unterstellen.*[52a]

Jetzt wurde am 09. Mai Bismarck dringlicher: *Es ist unnöthig ein Wort weiter darüber zu verlieren, wie sich die Situation in militärischer Hinsicht gestaltet, wenn wir Hannover unter die Zahl unserer Gegner rechnen müssen ... Seine Majestät der König ... wird alsdann keinen anderen Beweggrund anerkennen, als die Pflichten gegen sein Land; und selbst die Rücksicht auf einen ihm so nahestehenden Monarchen, wie der König von Hannover, wird dagegen zurücktreten.* Bismarck fragt demzufolge an, *ob die Königlich Hannöversche Regierung bereit sei, mit uns einen Vertrag über die Bewahrung der Neutralität abzuschließen?* Mit dem Wort nahestehend dürfte in erster

Linie auf das Verwandtschaftsverhältnis zwischen beiden Monarchen angespielt worden sein; die Mütter, Königin Luise von Preußen und Königin Friederike von Hannover, waren Schwestern.[53]

Der König berief zum 13. Mai daraufhin einen Conseil ein, mit dem gesamten Ministerium und der Hannoverschen Generalität. Am Vorabend warnte der frühere hannoversche Gesandte am Londoner Hof, *Graf Kielmannsegge*, den König mit den Worten, dass dieser es vor Gott und dem Lande nicht verantworten könne, auf das Angebot Preußens nicht einzugehen.[54] Die Darstellung der Generalität im Conseil über den Zustand der Armee war niederschmetternd. Es ist eine Armee, so Platen, die nichts in Ordnung hat und nicht einmal die nötige Munition besitzt. Ihr Ergebnis, ebenso wie Bismarcks Überlegungen zum Zweifrontenkrieg von der geographischen Lage gekennzeichnet, fand seinen Niederschlag in der Depesche vom 14. Mai an den Hannoverschen Gesandten in Berlin, *Baron von Stockhausen*. Werde von Preußen die Frage nach der Haltung der Hannoverschen Regierung im Kriegsfalle gestellt, so antworte sie:

dass sie für diesen Fall, wo die Grundsätze des Deutschen Bundesrechts ihre tatsächliche Geltung nicht mehr finden würden, neutral bleiben will, da Neutralität in einem solchen Falle den Verhältnissen und Interessen des Landes am besten entspricht, während sie andererseits hofft, dass ihre Neutralität streng geachtet wird. Sie ist daher gern bereit, über die Bewahrung der Neutralität mit der Königlich-Preußischen Regierung sofort in die angebotenen Unterhandlungen zu treten.

Im Rückblick muss diese Note als Höhepunkt hannoverscher Staatskunst angesehen werden. Hier fand nicht nur der desolate Zustand der hannoverschen Armee seinen Niederschlag sondern mehr noch die geographische Lage Hannovers, die einer Verteidigung der Grenzen keine Chance ließ. Ebenso einleuchtend ist das Abstellen der Regierung Hannovers auf die *tatsächliche Geltung* der Grundsätze des Deutschen Bundesrechts im Falle kriegerischer Auseinandersetzung zwischen den Großmächten.

Die Depesche hatte der hannoversche Staatsrat *Zimmermann* entworfen, Hannovers Gesandter in Hamburg und in diesen Wochen der besonnenste und urteilsfähigste Ratgeber des Königs.[54a]
Mit diesem Standpunkt waren die preußischen Kriegsinteressen ebenso wie die Hannoverschen Neutralitäts- und Existenzinteressen gewahrt. Bismarck antwortet am 20. Mai und bietet eine *Konvention, welche die Unabhängigkeit des Königreichs Hannover in einem neuen Bundesverhältniß gewährleistet,* an, drängt aber auf völlige Klarheit: Es könne bei einem ausbrechenden Kriege Hannover sich nicht hinter das Bundesverhältnis als existierendes zurückziehen, vielmehr höre der Bund ipso facto auf, wenn der Krieg ausbreche. Sollte ein Mobilmachungsbeschluss des Deutschen Bundes gegen Preußen ergehen, so würde Preußen ihn als den Anfang des Krieges gegen sich ansehen. Der Bund wäre damit gelöst, denn die Anwendung der Gewalt gegen Bundesglieder kenne die Bundesakte nur im Wege der Exekution, zu einer solchen aber liege Preußen gegenüber kein Motiv vor. Daher könne eine Rüstung zu einem durch das Bundesrecht selbst verbotenen Kriege auch nicht bundesrechtlich beschlossen werden. Das Abkommen werde im übrigen die Respektierung der Souveränität König Georgs ausdrücklich erklären.

Hannovers König und Regierung waren damit über Bismarcks politische Absichten voll informiert. Übereinstimmung bestand darin, dass es auf die *tatsächliche Geltung* des Bundesrechts ankommen müsse. Bismarck übersetzt das mit den Worten *ipso facto*. Auch die Warnung, dass ein Mobilmachungsbeschluss des Bundes gegen Preußen ein Kriegsgrund sei, ist unmissverständlich. Desgleichen Bismarcks Feststellung, dass es im Falle eines Mobilmachungsbeschlusses keinen Deutschen Bund mehr gebe. Eine Anwendung von Gewalt war nach Bundesrecht nur auf dem Wege der Bundesexekution möglich; dass dazu kein Grund vorlag, war unzweifelhaft. Eine Mobilmachung gegen einen Bundesstaat gehörte nicht zu den Vorbereitungsmaßnahmen einer Bundesexekution. Nicht eindeutig war der Begriff des *neuen Bundesverhältnisses* im Verhältnis zur Zusicherung der Respektierung der Souveränität

König Georgs. Bismarck verstand dieses Wort, erkennbar auch für die damalige Situation der Reformdebatte, im Sinne einer Etablierung bundesstaatlicher Zentralgewalt, jedenfalls in Norddeutschland; der König wird hingegen unter der Zusicherung der Respektierung seiner Souveränität diejenige der gegenwärtig vom König ausgeübten Souveränität verstanden haben. Dass diese Unklarheit von Bismarck, der Georg V. kannte, beabsichtigt war, darf man annehmen.

Bismarcks Antwort traf indessen auf eine veränderte Lage in Hannover. Noch am 14. Mai hatte der König an Kaiser Franz Joseph geschrieben, seine Stellungnahme am selben Tag gegenüber Preußen rechtfertigend:

Wie die Sachen nun einmal liegen würde ich, wenn ich anders verführe, selbst unseren gemeinschaftlichen und stets übereinstimmenden Interessen gerade zuwider handeln. Preußen sucht nämlich jeden Vorwand, sich, behufs Erweiterung seiner Macht in Norddeutschland, Hannover einzuverleiben. Österreich dagegen liegt, außer seiner bewährten föderativen Gesinnung, auch im eigenen Interesse, Alles, wie ich weiß, daran, Hannover zu erhalten. Gelänge es nun aber Preußen ..., sich Hannovers zu bemächtigen, so käme ich um mein Königreich, Preußen gewänne die reichen Hilfsquellen Hannovers zur Fortsetzung des Krieges, und Österreich hätte den Nachteil, dass Preußen das ganze Norddeutschland ... in seine Gewalt erhielte.[55]

Der Brief stellte die Überlegungen dar, die die Grundlage für Georgs V. Antwort vom 14. Mai auf das Neutralitätsangebot von Bismarck gewesen ist.

Einleitend hatte Georg V. Kaiser Franz Joseph gedankt dafür, dass *Ew. Majestät mir die Erhaltung der Integrität meines Königreichs garantiert*. Der Brief schließt mit dem Wunsch, der Allmächtige möge *die Schrecken dieses furchtbaren Bruderkrieges mit seinen unabsehbaren Folgen von uns allen abwenden*.

Die Wiener Regierung antwortete sehr entschieden: Preußen werde es nicht wagen, durch Vergewaltigung Hannovers den gesamten Bund herauszufordern. Den Einschüchterungsversuchen

Preußens werde schwerlich die Gewalttat folgen, wenn Hannover am Bunde festhielte und Berlin erkenne, dass es die Gesamtheit der Mittelstaaten des Bundes in Nord und Süd zu Gegnern habe. Ein Neutralitätsabkommen widerspreche zudem der Bundesakte. *Kommt es aber zum Kriege, so können wir zwar der Entfernung wegen, den hannoverschen Staat und dessen Dynastie nicht vor augenblicklichen Gefahren ... schützen, wohl aber ist Hannovers Zukunft im Bunde mit uns und dem bundestreuen Deutschland doch ganz anders gesichert, als durch einen Pact mit dem ... herrschsüchtigen Nachbarn. ... Ist Österreich im Falle des Krieges vom Glücke begünstigt, so hätten seine deutschen Bundesgenossen nicht nur ihre Existenz gerettet, sondern könnten auch erhebliche Vorteile erwarten, und namentlich würden sich im deutschen Norden so manche Kombinationen darbieten, durch welche Hannover arrondiert und mit sehr bedeutendem Machtzuwachs aus dem Kriege hervorgehen würde.* So der österreichische Außenminister Graf Mensdorff in einem Schreiben an Graf von Platen.[56]

Der Kaiser antwortete König Georg V. unmittelbar: Der Brief von Georg V. habe ihm *eine schmerzliche Enttäuschung* bereitet. Er appelliere an die Bundestreue und bitte darum, keinen Schritt zu tun, der dem König die Möglichkeit rauben würde, die Bundesbeschlüsse (gegen Preußen) zu vollziehen und vereint mit Österreich und den übrigen förderativ gesinnten Staaten für die Aufrechterhaltung des Rechts und der deutschen Fürstenkronen einzustehen.[57]

Erneut berief König Georg für den 23. Mai einen Conseil. Jetzt opponierte Staatsrat Zimmermann, der insbesondere das Argument des Wiener Hofes zu zerpflücken suchte, dass die Grundgesetze des Bundes ein Neutralitätsabkommen mit Berlin nicht zuließen. Sein zweiter Hinweis betraf die Möglichkeit nach der Wiener Schlussakte, friedlich den Weg einer schiedsrichterlichen Austrägalinstanz zu beschreiten. Und schließlich: Die gemischten Korps, die der Bund aufbieten könne gegenüber Preußen und Österreich, um Frieden zu stiften, seien gar kein Mittel, weil sie nicht die Gewalt besäßen, die Tätlichkeiten zweier Großmächte zu verhindern. Sie dienten also einem anderen versteckten Zweck als dem, welchen die Bundesgrundsätze im Auge hatten. Dabei dürfe Hannover nicht mitspielen. Aber der König war entschlossen, auf den österreichischen Standpunkt einzuschwenken und hat dies im Conseil auch so beschließen lassen.[58] Dass die zeitgleiche Anwesenheit des Prinzen Solms, der in dieser Mission erneut nach Hannover geschickt wurde, dazu beitrug, ist anzunehmen. Der Prinz berichtete an den Kaiser am 29. Mai, der König sehe einen wirklichen Halt für Gegenwart und Zukunft »nur« [Hervorhebung dort] in Österreich; das Wort »Kompensationsobjekt« jage Schrecken ein (Hannover könnte die Kompensation für Preußen sein, wenn Österreich nach gewonnenem Krieg von Preußen Schlesien herausverlangte.). König Georg befürchtete, so der Bericht des Prinzen, ebenso *das gänzliche Aufgeben Hannovers unsererseits als eines Staates, der durch innere Schwäche, durch Mutlosigkeit und Schwanken seiner leitenden Persönlichkeiten keine Lebenskraft mehr dokumentiere.*[59] Nach dessen Heimreise schrieb König Georg an den Kaiser[60]: Nur für den Fall, dass der Krieg zwischen Preußen und Österreich ausgetragen würde und die tatsächliche Wirksamkeit des Bundes für Schutz und Sicherheit der einzelnen Staaten aufgehört habe, habe er die Neutralität mit Preußen gesucht. Aber er werde unverbrüchlich bundestreu bleiben.

Die Beschwörung Wiens, dem Bund die Treue zu halten, hieß im Klartext bei den Mehrheitsverhältnissen, die in der Bundesversammlung herrschten, Österreich die Treue zu halten und sich einer österreichischen Politik auszuliefern, die den Bund in einen Krieg mit hineinziehen würde. König Georg V. hatte das Neutralitätsangebot Bismarcks akzeptiert, weil er wusste, wie es mit Hannover militärisch und militärgeographisch bestellt war. Sehr gegen seinen Willen hat er sich in dem ersten großen Conseil davon überzeugen lassen müssen, dass Widerstand zwecklos war. Die Beschwörung Wiens, der König möge bundestreu bleiben, war nichts anderes als die Beschwörung, der hannoversche König möge die Kräfte Preußens fesseln, damit Österreich in seinem höchsteigenen Krieg um die Vormachtstellung in Deutschland besser dastehe.

Franz Josef I.
Kaiser von Österreich 1848-1916
Fotografie um 1863

Georg V.
König von Hannover 1851-1866
Fotografie um 1863

So offen das Interesse Österreichs an Hannover zu Tage liegt, den Zwei-Fronten-Krieg unter allen Umständen stattfinden zu lassen, so erstaunlich sind die Gründe, die Wien in Hannover anführte: Das Argument, es werde ein Neutralitätsabkommen mit Preußen Bismarck nicht abhalten, Hannover gewaltsam zu besetzen und zu behalten, war nicht tragfähig. Dieses Argument setzte voraus, dass Bismarck und König Wilhelm, abgesehen von dem je subjektiven point d'honneur, Preußen in Europa in einen anhaltenden Misskredit zu bringen sich nicht scheuen würden, insbesondere bei den drei anderen europäischen Großmächten Russland, Frankreich und England. König Wilhelm hätte zudem, vertragsbrüchig innerhalb kürzester Zeit gegenüber einem Monarchen, der ihm verwandtschaftlich unter allen Souveränen Deutschlands am nächsten stand, auch bei den deutschen Souveränen an Ehre verloren. Das zweite Argument Österreichs, Bismarck würde sich von einer geschlossenen Haltung des Bundes gegen ihn von seinen unterstellten Annexionsabsichten abhalten lassen, bedeutete, dass ausgerechnet Österreich Bismarck trotz der einschneidenden Note Bismarcks vom Januar 1866 an Wien, falsch eingeschätzt hätte. Dass dies nicht der Fall war, zeigt das Ergebnis der Ministerratssitzung vom 21. Februar 1866 unter dem Vorsitz des Kaisers (vgl. S. 33). Bismarck hat dem Bund Respekt entgegengebracht, solange er einen Vorteil für Preußen darin sah. Waren die Interessen nicht zur Deckung zu bringen, galten für ihn diejenigen Preußens. Das war jedem Staat des Deutschen Bundes insbesondere im Frühjahr 1866, aber schon seit dem oben (vgl. S. 30 b) referierten Frankfurter Fürstentag gegenwärtig, an dem sich alle Staaten des Bundes ohne Preußen zu einem Reformkonzept bereit fanden, der Kaiser an Wilhelm I. sogar einen sehr persönlichen Brief schrieb, um ihn zu gewinnen, und König Wilhelm, also Bismarck, an Bedingungen festhielt, die zum Scheitern des Reformkonzepts führen sollten und führten. König Georg V. schließlich kannte die Absichten Bismarcks: Er hatte wenige Tage zuvor in der oben wiedergegebenen Depesche Bismarcks vom 20. Mai genau Aufschluss erhalten, wie Bismarck, dem die österreichischgeneigte Mehrheit der Bundesversammlung gegenwärtig war, reagieren würde, machte man gegen ihn mobil. Der Geschehnisablauf nach Bismarcks Strategie, machte man gegen Preußen mobil, war Georg V. also gegenwärtig, mehr noch ihm als den anderen Souveränen der Mittelmächte des Deutschen Bundes.

Dies zusammengenommen lässt die Gründe Österreichs, die es in Hannover vorbringt, unredlich erscheinen. Dass Österreich König Georg V. Landnahme verspricht, alles zur Beförderung der »Bundestreue« des Königreichs, hätte Hannover darüber hinaus in ein moralisches Zwielicht gebracht, wäre er auf die Wiener Offerte eingegangen.

Ist Österreichs Haltung unaufrichtig, so die Hannovers rätselhaft. Es darf der merkwürdige Umstand nicht außer Acht gelassen werden, dass König Georg in seinem ersten Brief vom 14. Mai an Kaiser Franz Joseph anschaulich und überzeugend beschreibt, warum Preußen auf Hannover und seine Hilfsquellen Appetit hat, und der König eben diese Hilfsquellen Preußen vorenthält, wenn er sich zur Neutralität verpflichte. Jetzt aber sind alle Argumente, mit denen Georg V. seinen Neutralitätskurs begründet hat, ohne Gewicht. Im gleichen Brief sprach Georg V. davon, dass er nach allem das Neutralitätsangebot Bismarcks nicht ablehnen konnte, weil *also auch ein Angriff auf meine und meines Königreichs Rechte von Preußen nicht mehr stattfinden werde* ... Er hat also jedenfalls trotz seines Misstrauens, ja seiner Abneigung gegen Preußen und vermutlich insbesondere gegen Bismarck nicht daran gezweifelt, dass Preußen Hannnovers Neutralität respektieren würde. Dass Preußen umgehend im Falle nicht neutralen Verhaltens Hannovers *die reichen Hilfsquellen Hannovers zur Fortsetzung des Krieges gegen Österreich* nutzen würde, hatte gleichfalls kein Gewicht mehr.

Am 21. Mai berichtete Prinz Ysenburg Bismarck von Bedenken gegen einen Neutralitätsvertrag, die sich auf Bundesrecht stützen, im Sinne des Gehorsams gegenüber einem möglichen Bundesbeschluss auf Mobilmachung gegen Preußen. Bismarck bat um genaue Aufklärung und macht darauf aufmerksam, dass die Bundesverfassung nur gegen Mitglieder des Bundes das

Exekutionsverfahren kenne, und dass dies in allen Formen geregelt sei. Am 24. Mai informiert Ysenburg über das mögliche Scheitern von Verhandlungen über einen Neutralitätsvertrag zwischen Preußen und Hannover. Graf von Platen habe ihm erklärt, dass die Regierung *fest entschlossen sei, ihren Bundespflichten treu zu bleiben und allen Bundesbeschlüssen, welche innerhalb der Kompetenzen des Bundes von der Bundesversammlung getroffen würden, Folge zu geben.*

Ysenburg wies auf die Differenz dieser Erklärung zur Depesche vom 14. Mai hin und fragte *ob Hannover denn überhaupt noch gesonnen sei, einen Vertrag derart, wie er bisher ins Auge gefasst worden, mit Preußen zu schließen.* Hierauf erwiderte v. Platen, dass Hannover erst den Verlauf der nächsten Bundestagssitzung abwarten wolle und somit keine bestimmtere Antwort zu geben vermöge.[61]

Bismarck erwiderte am 28. Mai: Er müsse annehmen, dass Hannover zum Bruch mit Preußen entschlossen sei und Hannover *im Vertrauen auf den Sieg der österreichischen Waffen bereit ist, die Zahl unserer Gegner zu vermehren.* Berlin könne daran nichts ändern und müsse die Chancen dieses Wechsels in der Politik Hannovers annehmen. In diesem Sinne solle sich Prinz Ysenburg gegenüber der hannoverschen Regierung aussprechen. Am gleichen Tage erhielt Prinz Ysenburg den Auftrag, die hannoversche Regierung dringend zu warnen, nicht auf die Niederlage Preußens zu spekulieren, indem Hannover in diesem Falle doch leicht zu Kompensationen (gemeint ist: Wien gibt für die Wiedergewinnung Schlesiens Hannover auf) benutzt werden könnte. Der Ausbruch eines Krieges, welches auch der Ausgang desselben sein möge, würde schließlich als nachteilige Wirkung auf diejenigen kleineren Staaten rückwirken, welche zu den Gegnern Preußens gehört hätten.

c) In den Monat Mai fallen zwei Initiativen zur Erhaltung des Friedens, die nicht von Staaten des Deutschen Bundes ausgingen.

Anton Freiherr von Gablenz, preußischer Untertan und Bruder des österreichischen Statthalters in Holstein, *Ludwig Freiherr von*

Gablenz, unternahm Ende April 1866 eine persönliche Initiative zur Erhaltung des Friedens, die folgende Punkte umfasste: Landesherr in Schleswig-Holstein wird ein preußischer Prinz, der als solcher eine eigene Dynastie begründet. Österreich wird für die Aufgabe seiner Kondominatsrechte entschädigt durch das Gebiet von Hohenzollern mit Ausnahme des Stammschlosses; um die Bundesreform voranzutreiben, verpflichten sich Österreich und Preußen zu gemeinsamen Anträgen an die Bundesversammlung; als vorrangig wird die Reform der Kriegsverfassung angesehen. Schließlich soll in einem geheimen Artikel festgesetzt werden, dass ein preußisches oder deutsches »Observationskorps« in Süddeutschland aufgestellt wird, falls Österreich und Italien sich in einen Krieg wegen Venetien verwickeln. Das ursprüngliche Konzept wurde in mehrerer Hinsicht abgewandelt. Die dritte Fassung enthält Korrekturen von Bismarck, ein Zeichen, dass er sich auf das Unternehmen einer Erörterung mit Österreich über die Initiative jedenfalls einzulassen bereit war, indessen stieß Gablenz beim Kaiser Franz Joseph auf Widerstand; die Vorschläge hätten früher kommen müssen, wenn sie Erfolg hätten haben sollen. Der Kaiser schien auch deshalb Bedenken zu haben, weil Bismarck für die Sache aufgeschlossen war, und der Kaiser daraus schloss, dass das Papier in einer nicht durchschauten Weise preußenfreundlich sei. Gablenz musste gegenüber dem Kaiser betonen, dass er persönlich und nicht in irgendeiner Weise durch einen preußischen Auftrag angeregt, seine Papiere entworfen und entwickelt habe. Das Ende der Mission Gablenz war Ende Mai gekommen, als ihm Graf Mensdorff mitteilte, *es sei zu spät, das Misstrauen auf beiden Seiten sei zu groß für eine unmittelbare Unterhandlung*.[62] Diese Mitteilung war eine der österreichischen Kriegspartei, nicht die Mensdorffs. Dieser gehörte nicht zur Kriegspartei Österreichs und bedauerte nach dem Krieg, dass er nach Gastein nicht zurückgetreten sei.[62a]

Die andere Alternative außerhalb des Bundes um den Frieden zu erhalten, ging von *Napoleon III.* aus. Sie gehörte zu Napoleons

Politik, Frankreich in Europa streitentscheidend ins Spiel zu bringen. Er tat dies durch eine mit London und Sankt Petersburg verabredete Einladung am 24. Mai an Preußen, Österreich, den Deutschen Bund und Italien nach Paris. Die Einladung bezeichnete als Konferenzgegenstände vor allem Schleswig-Holstein, den Deutschen Bund selbst und die italienische Frage (Venetien). Der Einladungstext der britischen Regierung enthielt, im Ganzen übereinstimmend mit den französischen Texten aus Sankt Petersburg und Paris, die kaum ohne Suffisance geschriebene Wendung, dass ein Kongress von *negotiations will have all the better prospect of success if they are not disturbed by the clash of arms and by the susceptibilities arising out of points of military honor.*[63] Noch während die Frage offen war, ob die Pariser Konferenz zustande kommen würde, schrieb *Graf Blome*, Wiens Gesandter in Bayern und Verhandlungspartner Bismarcks für das Gasteiner Abkommen, an seinen Minister: *Krieg, wir brauchen Krieg, nur Krieg. Der Kongress ist ein Humbug und zugleich ein Unglück.*[63a] Zuvor hatte der Minister Graf Mensdorff an seinen Kollegen Graf Esterhazy geschrieben: *Wenn uns aber von preußischer Seite kein Anlass zum Krieg gegeben wird, so sitzen wir eigentlich in der Patsche.* Allgemein wurde die österreichische Stimmung auch außerhalb der Regierung, als kriegsbereit festgestellt, während in Preußen *Fontane* Kriegsunlust feststellte, und zwar in »*beinahe allen Schichten des Volkes*«. Auch dem König fiel die Abwesenheit der Begeisterung auf, die selbst in der eigenen Familie Platz gegriffen hatte. *Treitschke* hielt den Krieg für »sehr unpopulär«.[63b] Die Konferenz scheiterte an Österreich, das über Venetien nicht verhandeln wollte.

d) Die verschiedenen Themen der Politik innerhalb des Bundes, die im Jahre 1866 entstanden waren, also die Bundesreform, Schleswig-Holstein, das Thema Krieg und Frieden, entwickelten sich im Deutschen Bund zu einem einheitlichen Brennpunkt.

Am 09. April 1866 legte Preußen der Bundesversammlung einen Antrag auf Reform der Bundesverfassung vor.[64] Bismarck verquickte die Idee einer Bundesreform mit der bekannten

Forderung Preußens nach direkter Wahl einer *allgemeinen deutschen Versammlung*; sie habe als *Ausgleich und treibende Kraft des nationalen Geistes* bei den Verhandlungen über eine Bundesreform mitzuwirken. Bis zum Zusammentritt dieser Versammlung sollten die Regierungen sich über die Reformvorschläge verständigen, die der Nationalversammlung vorzulegen seien.

In diesem Antrag Preußens war kein weiterer materieller Vorschlag zur Reform enthalten. Dies geschah erst – auf Drängen der Bundesversammlung – mit einer Vorlage Preußens für den sogenannten Neuner-Ausschuss am 11. Mai 1866, freilich auch hier sehr behutsam: Die Nationalvertretung werde in bestimmten dafür bezeichneten Gebieten die bisher notwendige Stimmeinheit unter den Bundesgliedern in der Bundesversammlung ersetzen. Dies war die prinzipielle Abkehr von dem Charakter des Deutschen Bundes als eines Bundes fürstlicher Souveräne. Die Gebiete waren nach diesem Vorschlag im Ganzen diejenigen, die schon 1849 in der Reichsverfassung für die Reichsgewalt vorgesehen waren.

Erst am 10. Juni 1866 offenbarte Preußen sein vollständiges Reformkonzept vor der Bundesversammlung.[65] Der wichtigste Punkt war Art. I. mit dem Ausschluss Österreichs und der Niederlande (wegen Luxemburgs und Limburgs) aus dem Deutschen Bunde. Dies war das Signal von Preußens Kriegsbereitschaft, denn Preußen übersandte gleichen Tags seine Vorschläge unmittelbar den einzelnen Regierungen mit der Bitte zu prüfen, ob sie *wenn in der Zwischenzeit bei der drohenden Kriegsgefahr die bisherigen Bundesverhältnisse sich lösen sollten, einem auf der Basis dieser Modifikationen des alten Bundesvertrages neu zu errichtenden Bunde beizutreten bereit sein würden*.[66] Das Reformkonzept fand seine Fortentwicklung wenige Tage später, nach Ausbruch des Krieges am 14. Juni, in dem Bündnisangebot Preußens an die norddeutschen Staaten (außer Hannover) vom 16. Juni 1866.[67] Dem Bündnis traten die norddeutschen Staaten zögernd, aber fast vollzählig bei.[68]

Die Dinge hatten sich bis zu diesem Grad an Konfrontation Preußens mit Österreich entwickelt, weil die Schleswig-Holsteinische Frage inzwischen eine scharfe Zuspitzung erfahren hatte. Noch am 24. Mai 1866 hatte sich die Bundesversammlung mit der Aufforderung an beide Großmächte beschäftigt, sie möchten die Bedingungen bekannt geben, unter denen sie bereit sein würden, abzurüsten.[69]

Österreich erklärte am 01. Juni auf der Sitzung der Bundesversammlung, es habe mobilisieren müssen, um rechtswidrigen Ansprüchen Preußens auf Schleswig-Holstein entgegenzutreten; es sei zur Demobilisierung bereit, sobald in Schleswig-Holstein der rechtmäßige Zustand wiederhergestellt sei. Die Sicherheit des Bundes hänge davon ab, dass auch Preußen den verbürgten Bundesfrieden und die verfassungsmäßigen Bundesbeschlüsse achte. Österreich sei mit dem Versuch gescheitert, zu einem definitiven bundesmäßigen Abschluss auf dem Wege der Verständigung mit Preußen zu gelangen, und stelle daher alles weitere der Entschließung des Bundes anheim, die es schon von vornherein anzuerkennen bereit sei. Der österreichische Statthalter in Holstein habe weisungsgemäß die holsteinischen Stände einberufen, damit sie Gelegenheit erhielten, ihre Ansichten auszusprechen.

Preußens Erwiderung vom gleichen Tage war knapp, aber richtete eine nicht übersteigbare Hürde gegen eine Abrüstung auf: Es habe sich durch die vorangegangenen Rüstungen Österreichs und Sachsens zur Mobilmachung genötigt gesehen; diese Mobilmachung habe einen ausschließlich defensiven Charakter gehabt; Preußen werde aber auf den Friedensfuß zurückkehren, wenn der Bund die Regierungen von Österreich und Sachsen zur Abstellung ihrer den Frieden bedrohenden Rüstungen bewege und Preußen *Bürgschaften gegen die Wiederkehr derartiger Beeinträchtigungen des Bundesfriedens erhalte*. Sei der Bund zur Gewährung solcher Bürgschaften nicht imstande und sollten seine Mitglieder sich der Einführung der Reformen versagen, durch welche die Wiederkehr der bedauerlichen Zustände der Gegenwart verhütet werden könne, werde Preußen daraus den Schluss ziehen, dass der Bund gegenwärtig seiner Aufgabe nicht gewachsen sei und werde diese ihre rechtliche(!) Überzeugung weiteren Entschließungen zugrunde legen. Auch hier wieder das bekannte positive Signal Bismarcks mit anschließender Drohung, die, wie der Wortlaut zeigt, extremer kaum gedacht werden kann.

Bewertet man die österreichische Initiative in Holstein auch unter dem Gesichtspunkt, dass Österreich nicht nur kriegsbereit sondern auch kriegsgeneigt war, sind seine beiden Vorgehensweisen in Holstein die passende Provokation: zunächst die Einberufung der Holsteinischen Stände, die, wie die Dinge mit dem Augustenburger, in Kiel residierend, lagen, sich für diesen als Landesherrn aussprechen würden. Der zweite Schritt war die Erklärung Österreichs, man werde im Vorhinein anerkennen, was der Bund über die definitive Landesherrschaft beschließe. Beide Schritte waren in ihrer Zielsetzung so unmittel gegen Preußen gerichtet, dass es kaum denkbar erscheint, dass Österreich damit Preußen nicht herausfordern wollte. Nimmt man die referierten österreichischen Zeugnisse und das des hannoverschen Staatsrats Zimmermann hinzu, ist der Schluss naheliegend, dass eine Regierung, die den Frieden aufrechterhalten will, so nicht gehandelt hätte.[69a] Österreich traf inzwischen aber auf einen ebenso kriegsgeneigten wie insbesondere annexionsgeneigten Bismarck.

Bismarck sah in dem österreichischen Vorgehen offenbar seine Chance. Am 03. Juni protestierte er in Wien: Preußen sehe sich durch das österreichische Vorgehen (gemeint ist: die Einberufung der Landstände von Holstein und die förmliche Überlassung der Entscheidung der Schleswig-Holsteinischen Frage an den Bund) in seinen durch den Wiener Vertrag erworbenen Rechten an den Elbherzogtümern verletzt. Mit dieser Erklärung habe Österreich den Gasteiner Vertrag gebrochen; man stünde also wieder ausschließlich auf dem Boden des Wiener Friedens. Daher werde Preußen seinen Gouverneur von Schleswig anweisen, Preußens Rechte an Holstein, wie sie sich aus dem Wiener Frieden ergäben, wieder wahrzunehmen. Sollten die Stände einberufen werden, so sei dazu eine von beiden Teilen erteilte Vollmacht erforderlich.

Das bedeutete, Preußen stationierte seine Truppen hiernach nicht nur in Schleswig sondern auch in Holstein und musste vice versa österreichische Truppen in Schleswig hinnehmen.[70] Die zahlenmäßig unterlegenen österreichischen Truppen zogen sich allerdings Richtung Altona, das damals noch zu Holstein gehörte, zurück, um alsbald den Anschluss an die Truppen auf österreichischem Gebiet zu gewinnen.

Bismarck zögerte mit der Besetzung Holsteins keinen Tag. »Besitzergreifung muss jetzt erfolgen, bevor Österreich in der Ständeeinberufungsfrage nachgibt«, so Bismarck an den preußischen Gouverneur Schleswigs, General von Manteuffel, am frühen 10. Juni. Auch er, der noch bei der Gablenz'schen Friedensinitiative dem Frieden eine Chance einräumte (vgl. oben unter c), wollte jetzt die Einvernahme ganz Schleswig-Holsteins auch um den Preis der definitiven Entscheidung durch den Krieg.[70a]

In der Bundesversammlung setzte Preußen am 09. Juni seine Angriffe fort: Die Anrufung des Bundes durch Österreich stehe mit der Kompetenz des Bundes nicht in Einklang. Die Rechtsgrundlage sei eindeutig: Im Bezug auf Schleswig-Holstein könnten nur die beiden Mächte gemeinsam handeln. Nur Holstein habe immer zum Bund gehört, Schleswig nicht. Gleichwohl, in der Verbindung Holsteins mit Schleswig sei die Angelegenheit eine nationale; die preußische Regierung sei bereit, die Schleswig-Holsteinische Angelegenheit in Verbindung mit der Bundesreform zu behandeln und gerade dadurch eine friedliche Lösung zu erleichtern. Sie wolle diese Frage *mit einer Bundesgewalt verhandeln und erledigen ..., in welcher die Mitwirkung der nationalen Vertretung dem Einflusse partikularer Interessen das Gegengewicht hält.* Gegenwärtig aber bei der positiven Begrenzung der Kompetenzen der Bundesversammlung durch die bestehenden Verträge müsse sie Einspruch dagegen erheben, dass über ihre eigenen durch blutige Kämpfe und internationale Verträge erworbenen Rechte ohne ihre Zustimmung verfügt werde.[71]

Am 11. Juni stellte Österreich den Antrag auf Mobilisierung des Bundesheeres, da Preußen Rechte in Holstein in Anspruch genommen hätte, die ihm nicht zustünden. Neben dem Einmarsch preußischer Truppen in Holstein warf Österreich in diesem Antrag Preußen vor, dass der Gouverneur von Schleswig, *von Manteuffel*, erklärt habe, er sei genötigt, die Regierungsgewalt auch in Holstein zu übernehmen. Hierin liege eine Verletzung des Wiener Friedensvertrages von 1864 mit Dänemark und der Gasteiner Convention vom August 1865. Es liege demnach der in Art. 19 der Wiener Schlussakte vorgesehene Fall verbotener Selbsthilfe vor und die Bundesversammlung sei berufen, *der unternommenen Selbsthülfe Einhalt zu tun*. Daher sei die schleunige Mobilmachung sämtlicher nicht zur preußischen Armee gehörenden Armeecorps des Bundesheeres notwendig.

Die Situation veranlasste König Georg V. zu einem dritten Conseil. Der Bericht, den der anwesende Staatsminister *v. Hodenberg*, 27 Jahre nach jenem Tage verfasst hat, gibt kein klares Bild von dem Verlauf des Conseils. Auf der einen Seite habe Staatsrat *Zimmermann* erklärt, dass nur ein völliges Eingehen auf das Bündnis mit Preußen den Thron und das Land vor der Vergewaltigung retten könne; zugleich aber, so *v. Hodenberg*, betonte er *auf das Nachdrücklichste*, dass nur das strenge Festhalten am Bunde und das vorsichtige Beachten der Bundesverfassung Preußen keinen Vorwand gebe, über Hannover herzufallen. Das Votum für den österreichischen Antrag fand die einhellige Zustimmung des Conseils; er, v. Hodenberg, habe im Gegensatz zu anderen erklärt, dass die Bismarcksche rücksichtslose Politik und die preußische Armee einen schlimmen Ausgang des Krieges befürchten lasse; er habe *für die fernere Zukunft Hannovers* das Beispiel der preußischen und französischen Okkupation Hannovers von 1806 und die feste Haltung Georgs III. und des hannoverschen Volkes als maßgebend hingestellt.[71a]

In der Sitzung der Bundesversammlung vom 14. Juni[71b] wurde über den Antrag abgestimmt. Preußen erklärte die Behandlung des Antrages »*als formell und materiell bundeswidrig*« und legte aus-

Otto von Bismarck,
preußischer Ministerpräsident 1862-1890,
Bundeskanzler des Norddeutschen Bundes 1867-1870,
Reichskanzler 1871-1890
Fotografie um 1863

Wilhelm I.
König von Preußen 1861-1888,
Deutscher Kaiser 1871-1888,
Fotografie um 1872

drücklich Protest ein. Preußens Gründe waren der Umstand, dass die österreichisch-preußische Streitigkeit, die sich auf Schleswig-Holstein bezog, außerhalb der Kompetenz des Bundes liege; zwar gehöre Holstein zum Bund, aber das Abkommen von Gastein 1865 war ein zwischen Österreich und Preußen geschlossenes Abkommen, basierend ausschließlich auf der Übertragung sämtlicher dänischer Rechte an Schleswig und Holstein gemeinsam auf die beiden Monarchen von Österreich und Preußen. Sodann wies Preußen darauf hin, dass es gegenüber Bundesgliedern nur ein Exekutionsverfahren gäbe, für das bestimmte Formen und Voraussetzungen vorgeschrieben seien.

Bayern erklärte, der Gasteiner Vertrag existiere nicht für den Bund, aber die Gefahr fortdauernder Rüstungen von *Österreich* und *Preußen*, deren Differenzen durch die entsprechenden Erklärungen am 1. Juni (s.o.) nicht geschlichtet seien, erforderten Vorsichtsmaßregeln; in Abänderung des österreichischen Antrages beantragte Bayern, dass die Mobilisierungsaufforderung sich nur auf die Armeecorps beziehen solle, die zu keiner der beiden Großmächte gehörten. Bayern spiegelte damit seine Neutralität vor, die nicht bestand. Denn die österreichischen Corps waren bereits mobilisiert. Am gleichen Tage der Abstimmung über den österreichischen Antrag schloß Österreich mit Bayern einen Vertrag über die Zusammenarbeit der Streitkräfte im jetzt beginnenden Krieg.[72a] *Sachsen, Württemberg,* das *Großherzogtum Hessen, Kurhessen* und *Sachsen-Meiningen* schlossen sich dem bayerischen Antrag an. Auch Hannover stimmte dem Antrag zu, da die Differenzen zwischen Österreich und Preußen *die innere Ruhe und Sicherheit des Bundes bedrohten und Thätlichkeiten zwischen jenen beiden Bundesgliedern besorgen lassen.* Es gelte, gemäß den Artt. 18 und 19 der Wiener Schlussakte *Beschlüsse zu fassen um jeder Selbsthülfe vorzubeugen.* Die Mobilisierung sei *nothwendige Bedingung für jede erfolgreiche Vermittlung.* Baden verwies demgegenüber auf den Art. 11 der Bundesakte und Art. 21 der Wiener Schlussakte: Es bestehe die Hoffnung, *durch unbefangene Erörterung einen ehrenvollen Ausgleich zu erzielen. Sollte Baden mit diesem Antrag, einen ent-*

sprechenden Ausschuss zu bilden, nicht durchdringen, werde es sich der Stimme enthalten. Die *Niederlande* äußerten, die von Österreich beantragte Maßnahme »*dürfte mehr den Anschein einer feindlichen als einer bundesmäßigen Maßnahme haben.*« Das *Großherzogtum Sachsen-Weimar-Eisenach* und *die Herzoglich-Sächsischen Häuser* ausser *Meiningen* stimmten gegen den Antrag. Das *Großherzogtum* und das *Herzogtum Sachsen-Coburg-Gotha* unter Hinweis auf die Verträge von Wien und von Gastein, wonach der Antrag Österreichs ... seine Begründung in den Bundesgrundgesetzen vergeblich sucht. Für *Oldenburg* war der Antrag Österreichs *eine den Bundesfrieden gefährdende Provokation*. Braunschweig hielt dafür, der Wiener Friedensvertrag mit Dänemark und die Konvention von Gastein seien gegen die Intentionen des Bundes und gegen das Bundesrecht geschlossen worden. Es sei daher *unthunlich*, dass der Bund gegen diese Verträge, die von Preußen und Österreich in ihrer Eigenschaft als europäische Großmacht geschlossen seien, als Bundesorgan eintrete. *Mecklenburg-Schwerin* argumentierte, der Krieg von 1864 sei von Preußen und Österreich als europäische Großmächte geführt worden. Der Bund könnte daher für Streitigkeiten aus einem Vertrag, der ihm fremd sei, nicht nach bundesrechtlichen Normen entscheiden. *Beide Mecklenburg-Staaten* wiesen auf die friedlichen Möglichkeiten nach Artikel 20f der Wiener Schlussakte hin. Die drei *Hansestädte* erklärten, dass keine Notwendigkeit zum Mobilisieren bestehe, da die österreichischen Truppen aus Holstein abgezogen seien und daher ein Zusammenstoß nicht zu befürchten sei. *Frankfurt* schloss sich dagegen dem Antrag *Bayerns* an.

Nachdem der Bundestag den Mobilisierungsantrag einer Mehrheit von neun gegen sechs Stimmen gefasst hatte[72b] konstatierte der preußische Gesandte in einer weiteren Erklärung gleichen Tages, dass der österreichische Antrag *ein Bruch des Bundes* sei; dieser sei »*durch die nach dem Bundesrechte unmögliche Kriegserklärung gegen ein Bundesmitglied ... vollzogen.* Preußen erkläre den Bundesvertrag infolge dessen nicht mehr als verbindlich, *vielmehr als erloschen*. Mit dem Erlöschen seien freilich nicht *zugleich die nationalen Grundlagen, auf denen der Bund auferbaut gewesen, als zerstört* zu betrachten. Vielmehr halte Preußen »*an diesen Grundlagen und an der über die vorübergehenden Formen erhabenen Einheit der deutschen Nation* fest. Es sei die unabweisbare Pflicht aller Staaten, hierfür den angemessenen Ausdruck zu finden. Die Erklärung bezieht sich insoweit auf die am 10. Juni in der Bundesversammlung überreichten Grundzüge zu einer neuen Bundesverfassung.

Daraufhin gab es eine Erklärung des Bundespräsidiums (Österreich) gegen den preußischen Rücktritt vom Bundesvertrag, die den Charakter des Bundes als unauflöslichen Verein charakterisierte und erklärte, dass dieser *in vollkommen bindender Kraft fortbesteht.*

Das Abstimmungsverhalten der einzelnen Staaten lässt eine norddeutsche Koordinate erkennen, die den Kleinstaaten anriet, sich in dieser Sitzung nicht auf die Seite Österreichs zu schlagen, während in Süddeutschland allein Baden sich zurückhielt. Die norddeutschen Mittelstaaten, Hannover, Sachsen, Kurhessen, hatten offenbar auf den Sieg der österreichischen Waffen vertraut, der damals eher angenommen wurde als ein Sieg Preußens.[72b] Bezeichnend ist die Antwort des Kurprinzen von Hessen an Bismarck als dieser ihn noch am 14. Juni 1866 auf das für Kurhessen riskante Spiel eines Engagements auf Österreichs Seite hinwies, dass 800.000 Soldaten wohl auch noch ein Wörtchen mitzusprechen hätten.[72c]

e) Der Deutsche Bund beruhte auf der Zugehörigkeit und auf der Machtbalance der beiden Großmächte. Dies war beiden Großmächten klar, und Berlin und Wien haben infolge dessen bis zum Jahre 1866 sorgfältig darauf geachtet, dass das latent vorhandene Dominanzstreben jedes der Mächte nicht den Bund zerstörte. Infolge dessen musste der Austritt eines der beiden Mächte, als Beginn eines Krieges zwischen den beiden Großmächten, zum Zusammenbruch dieses fragilen Gebäudes führen. Das Großherzogtum Oldenburg zog als erstes Bundesglied die Konsequenz hieraus und trat am 21. Juni 1866 mit der Erklärung aus dem

Bunde aus, dass der Bund »*nach dem Austritt Preußens keinen Bestand mehr*« habe. Königgrätz und der Präliminarfrieden von Nikolsburg setzten die Austrittsfälle fort; in der Schlusssitzung des Deutschen Bundes am 24. August 1866 in Augsburg (da Frankfurt/Main bereits von Preußen eingenommen war), waren von den Staaten, die von Preußen nicht oder nur geringfügig besetzt waren, nur noch Österreich, Bayern, Württemberg und das Großherzogtum Hessen anwesend, nachdem Baden bereits am 2. August ausgetreten war, gefolgt am 4. August von Braunschweig.

f) *Ernst Rudolf Huber* ist der Frage von »*Recht und Unrecht im österreich-preußischen Konflikt*« der herrschenden Lehre sorgfältig begründet entgegengetreten, die allzu schnell nach dem bekannten Wort, »Das Staatsrecht hört hier auf« meine, Preußen habe »*das lebendige Recht des Volkes*« wahrgenommen; der Erfolg, »*der große Meister der menschlichen Seelen*«, sei entscheidend. Huber kommt zu dem gegenteiligen Ergebnis: Selbsthilfe, auch wenn in tatsächlicher Hinsicht gut zu begründen, sei definitiv durch die Bundesakte verboten worden. Auf die Frage, wer zuerst gegenüber einem anderen Mitglied des Bundes sich unrechtmäßig verhalten habe, komme es nicht an. Preußen habe sich, so Huber, der Verletzung einer Bundespflicht schuldig gemacht, wenn es auf Maßnahmen Österreichs in Holstein mit gewaltsamer Selbsthilfe reagiert habe.[73]

Indessen: Die Übergriffe Preußens im Holstein gegenüber Österreich fanden ihre Rechtfertigung im Wiener Friedensvertrag mit Dänemark, nachdem Österreich den Boden der Gasteiner Konvention verlassen hatte – so Preußen; sie waren unrechtmäßig als Verletzung des Gasteiner Abkommens, das auf Trennung der Verwaltung in den beiden Landesteilen ruhte – so Österreich. Beide Verträge waren Abkommen aufgrund der auswärtigen Gewalt zweier Großmächte. Es war mithin naheliegend, dass am 14. Juni gegen den österreichischen Antrag eingewandt wurde, dass er seine Begründung in Bundesgesetzen vergeblich suche; die Bundesakte kenne kein Kondominat über Schleswig-Holstein, sondern ausschließlich die Besitz- und Herrschaftsrechte der Bundesglieder in ihrem eigenen Bundesgebiet. Es verschlägt deshalb auch nichts, dass Bismarck den Anlass gesucht und gefunden hat, Schleswig-Holstein insgesamt Preußen mit dem Ziel der Einverleibung zu unterwerfen. Und ebenso wenig kommt es darauf an, ob das – wie oben dokumentiert – kriegsgeneigte Österreich Preußen provozieren wollte oder nicht. Ausschlaggebend ist, dass die Grundgesetze des Bundes, also die Bundesakte und die Wiener Schlussakte, keine Anwendung finden konnten.[74]

Hat Preußen auch den Frieden mit Österreich gestört, – den Bundesfrieden hat es nicht berührt. Dass die Stimmen, insbesondere Badens, die auf den friedlichen Weg hinwiesen, ungehört verhallten, muss nicht in erster Linie mit den Eigentümlichkeiten eines Gesandtenkongresses zu tun gehabt haben, sondern lässt auch der Überlegung Raum, dass den Groß- und den Mittelmächten trotz des ständig und polemisch beschworenen Bundesfriedens der Wille, Wege zum Frieden zu zeigen, abhanden gekommen war. Die von *Ritter v. Sbrik* veröffentlichte diplomatische Korrespondenz Österreichs mit seinen Gesandten innerhalb des Deutschen Bundes und im Ausland zeigt, dass das Thema Krieg seit Februar 1866 dominant war; Friedenswege, wenn erörtert, wurden auf der Basis von Machtansprüchen Österreichs und Preußens, insbesondere im Blick auf Schleswig-Holstein, behandelt; die von den Grundgesetzen des Bundes, der Bundesakte und der Wiener Schlussakte, gewiesenen Wege der Wahrung des Friedens durch neutrale Instanzen sucht man in diesen Korrespondenzen vergeblich. Vielleicht ist hierfür das von v. Hodenberg referierte widersprüchliche statement des hannoverschen Staatsrats *Zimmermann* bezeichnend. Im letzten Conseil mit König *Georg* erwähnte auch er nur noch, so Hodenberg, die beiden Wege der Parteinahme zugunsten Österreichs im Gewande ängstlich beobachteter Bundesneutralität oder eines Bündnisses mit Preußen, das *Georg V.* den Thron gesichert hätte. Das die vier Königreiche des Deutschen Bundes neben Preußen und weitere Staaten auf die österreichische Seite traten, legt nahe, dass man weder das Problem Schleswig-Holstein, noch das der einer Bundesreform anders für lösbar gehalten hat, als zuvor die nicht entschiedene Rangordnung der Großmächte geklärt zu wissen.

g) Für König Georg V. wurde die Situation prekär. Preußen hatte schon am 12. Juni seine Gesandten in Sachsen, Hannover, Kurhessen, Baden, Sachsen-Weimar und Hamburg mit Botschaften an die Souveräne dahin instruiert, dass eine Annahme des österreichischen Mobilisierungsantrages die Auflösung des Bundesverhältnisses bedeuten werde.[75] Preußen werde sich in dem dann unvermeidlichen Krieg nur durch das eigene Interesse und das der Staaten, die auf seiner Seite stehen, leiten lassen. König Georg wusste also, dass sein Abstimmungsverhalten am 14. Juni über Krieg und Frieden für das Königreich Hannover entscheiden würde, und er wusste, dass sein Land nicht zu verteidigen war, sein Exitus aus Hannover also mit Eintritt des Krieges unausweichlich werden würde. Mochten für ihn auch seine Truppen, in deren Mitte er sich befand, die Herrschaftsgewalt über sein Königreich repräsentieren, so musste sich doch der König mit dem Verlassen seines Gebietes der politischen Subjekthaftigkeit als Monarch und Landesherr begeben, günstigenfalls – der Fall trat nicht ein – als Oberbefehlshaber seiner Truppen an der Seite Bayerns kämpfen, aber sein Herrschaftsgebiet mit all den rechtlichen und sachlichen Konsequenzen, die eine Fremdherrschaft bedeutet, dem Gegner überlassen. Seine Furcht, bloßes Objekt der Politik zu werden, hatte er ja gegenüber Prinz Solms im Blick auf Kompensationsgeschäfte zwischen Österreich und Preußen bei einem Friedensschluss, die Schlesien und Hannover einbeziehen könnten, deutlich zum Ausdruck gebracht. Auch Bismarck sprach noch am 28. Mai den hannoverschen Außenminister von Platen auf diese Möglichkeit an. Schließlich aber musste Georg V. mit seinem Entschluss, militärisch und also faktisch Bundesgenosse von Österreich zu sein, seine Hilfsquellen, die er zuvor Preußen nicht überlassen und darum neutral bleiben wollte, nunmehr in Anbetracht der militärisch aussichtslosen Lage seinem Gegner überantworten.

Die Stände äußerten sich angesichts der drohenden Kriegsgefahr erwartungsgemäß. Während schon am 29. Mai *Bennigsen* in der Zweiten Kammer zur Neutralität aufrief und die Einberufung eines Deutschen Parlaments forderte, plädierte am 07. Juni *v. Rönne* für die Ausrichtung der hannoverschen Politik am Bundesrecht, also an Österreichs Politik. Einem Parlament des Bundes gewann er zwar Vorzüge ab, indessen sei eine gedeihliche Entwicklung der deutschen Staaten nur von einer Vertretung der Stände zu erwarten. Dies war die seit dem Frankfurter Fürstentag von 1863 übereinstimmende Meinung der Mehrheit der Bundesstaaten, zu der sich Preußen in Opposition befand (vgl. S. 30f).

Der Austritt Preußens aus dem Bund am 14. Juni führte tags darauf zu der *Sommation* Preußens (hier: einem Ultimatum) an Hannover.[76] Die Sommation bezog sich ausdrücklich auf das nach der hannoverschen Note vom 14. Mai gewandelte Verhalten Hannovers und bot den Abschluss eines politischen Bündnisses zwischen beiden Staaten an unter zwei Bedingungen: Hannover müsse der Berufung des Deutschen Parlaments zustimmen und die Wahlen dazu ausschreiben, sobald es von Preußen geschehe, und sodann: Preußen werde Hannover Gebiets- und Souveränitätsrechte nach Maßgabe der Reformvorschläge vom 14. Juni gewährleisten. Unter diesen Bedingungen werde das Königreich Hannover im selben Maße verteidigt wie das Königreich Preußen. Andernfalls werde Preußen sich *in die Nothwendigkeit versetzt finden, das Königreich als im Kriegszustand gegen Preußen befindlich zu betrachten und demgemäß seine Beziehung zu demselben nur noch die Rücksichten auf den Schutz des eigenen Landes und das Militairische als Erforderniß maßgebend sein ... lassen.* Die preußische Regierung erwarte eine Antwort im Laufe des Tages.

Die Antwort erfolgte am späten Abend durch den König selbst gegenüber Prinz Ysenburg. Der König erklärte u.a., vor allem hätten die preußischen Reformvorschläge *seine vollständige Missbilligung; auch die Parlamentsberufung sei ihm ein unerträglicher Gedanke. Mediatisieren lasse er sich nicht. Lieber wolle er mit Ehren untergehen.*

In der schriftlichen Antwort, von Graf von Platen verfasst und von Prinz Ysenburg, nachdem der Kriegszustand durch Fristablauf eingetreten war, nicht mehr entgegengenommen, heißt es, dass die Vorschläge zu einem zu wählenden Parlament der Bundesversammlung zur Beschlussfassung vorlägen und infolgedessen eine abgesonderte Behandlung dieser Angelegenheit nicht zulässig sei. Im übrigen stehe Hannover auf dem Boden des unanfechtbaren völkerrechtlich garantierten Bundesrechts, so dass keine Veranlassung bestehe, Hannover als im Kriegszustand mit Preußen befindlich zu betrachten.

Die Begründung überrascht kaum noch. Die Vokabel, »bundestreu« zu bleiben, hatte sich in Hannover so sehr verfestigt, dass sie auch jetzt noch maßgeblich war, wo schon durch den Austritt Preußens aus dem Deutschen Bund und die Unvermeidlichkeit des Krieges jeder Realitätsbezug fehlte. Aufschlussreicher ist, dass der König in jeder Einschränkung seiner Souveränität bereits die Mediatisierung gesehen hat.

Abends fuhren Vertreter der Stadt Hannover zum König nach Herrenhausen, um ihn zur Annahme der Sommation und damit auch zum Bleiben des Königs in der Stadt zu bewegen. Die Furcht vor einer preußischen Besatzung mit ungewissen Belastungen, Einschränkungen mit offenem Ende wird eine erhebliche Rolle gespielt haben. Aber der König blieb unbeirrt: »*Als Christ, Monarch und Welf kann ich nicht anders handeln*«, so seine bekannten Worte. Das Land und die Residenzstadt vor feindlicher Okkupation zu bewahren, sei ihm nicht möglich. Im Süden hoffe er, sich eine Zeitlang halten zu können. – Nachts fuhren König, Kronprinz und Gefolge mit dem Zug nach Göttingen. Die Königin Marie (1818-1907) und die Töchter Friederike und Mary blieben in Herrenhausen (Hannover).

Was das Königreich zu erwarten hatte, war – die Abschiedsproklamation des Königs aus Göttingen vom 17. Juni 1866 spricht es aus – der »Druck der Fremdherrschaft«. Er wusste also, was er seinen Untertanen zumutete. Die Proklamation Georgs V. beginnt mit den Worten:

An Mein getreues Volk!
Seine Majestät der König von Preußen
hat Mir den Krieg erklärt.
Das ist geschehen, weil Ich ein Bündniß nicht eingehen
wollte, welches die Unabhängigkeit Meiner Krone und die
Selbstständigkeit Meines Königreichs antastete, die Ehre und
das Recht Meiner Krone demüthigte und die Wohlfahrt
Meines getreuen Volkes erheblich zu verletzen geeignet war.[77]

Gleichsam Abschied nehmend von seinem Königreich hat er sich mit diesen Worten noch einmal dargestellt als der Monarch von Gottes Gnaden, dessen hervorragende Bestimmung es war, diese seine Würde – hier vierfach prädikatisiert – zu wahren. Dies lässt, da der König im Folgenden vom Kommen des Drucks der Fremdherrschaft spricht, doch die Frage entstehen, ob seine Haltung zwar von einem großen Maß an Ehrgefühl und gleichsam von einer Verantwortung Gott und sich selbst gegenüber als einem König von Gottes Gnaden zeugt, aber nicht hinreichend von einer solchen gegenüber dem Volk, das er ohne tragfähigen Grund dem Feinde preisgibt.

Die Fürsten des Deutschen Bundes haben an ihrer überkommenen Legitimationsgrundlage stets festgehalten. Aus ihr, das ist hier von Bedeutung, bezogen sie auch Vorstellungen über ihre Pflichten. So spricht das Patent zum Regierungsantritt *König Ernst Augusts* vom 5. Juli 1837 von der *Gewähr für das dauernde Glück unserer Getreuen Unterthanen, deren Wohl nach den von der göttlichen Vorsehung uns dazu auferlegten Pflichten ... Unser unablässiges Bestreben seyn wird.*[78] Dieser strikte Konnex zwischen Königtum von Gottes Gnaden und hierdurch auferlegten Pflichten für die Wohlfahrt der Untertanen trifft genau die Situation König Georgs V. In ihr dürfte dieser der religiösen und der politischen Dimension des von ihm geglaubten und gelebten Gottesgnadentums nicht gerecht geworden sein.

IV. Langensalza

Langensalza war der Name des Ortes, in dessen Raum die hannoversche Armee als einzige der gegen Preußen aufgebotenen Armeen ein siegreiches Treffen gegen die Armee Preußens bestand. Es war zugleich der Ort, an dem der König seine letzte Chance, sein Königreich zu behalten, ausschlug.

Die Armee war weder auf den Kriegsfall vorbereitet, noch gab es im Königreich einen befestigten Ort, der sich länger als ein paar Tage hätte halten können; dies scheint, nach dem Conseil vom 13. Mai zu urteilen, auch für Stade gegolten zu haben, einen befestigten, wenn auch insoweit vernachlässigten Ort. Der überstürzte Aufbruch des 16. Juni führte zu einer völlig ungenügenden Versorgung mit Proviant, Ausrüstung und Munition, zum Teil brachten Einheiten nur Platzpatronen mit. Die preußische Armee war weitgehend mit dem Zündnadelgewehr ausgerüstet. In Hannover war dies dagegen aus Furcht, die Stände würden das Geld hierfür nicht bewilligen, unterblieben.[79] Diese spezielle waffentechnische Dramatik auf dem Schlachtfeld von Langensalza schilderte der hannoversche Soldat *Georg Steinberg: Sobald ein Elfer fiel* (Soldat des Preußischen Infanterieregiments Nr. 11), *wurden dessen Zündnadelgewehr und Patronen von unseren Leuten eingetauscht.*[80]

Der Marsch begann am 21. Juni nach der Sammlung und Ausrüstung der Truppenformationen in Göttingen; am 23. Juni war das Hauptquartier in Langensalza. Die folgenden Ereignisse bargen die letzte Chance für den König: Es gab Kontakt zwischen beiden Königen, den beiderseits beauftragte Offiziere hergestellt hatten. Das Ende dieser Kontaktphase war das Angebot des preußischen Königs, also Bismarcks, an Georg V. am 26. Juni: Freier Abzug des Königs, des Kronprinzen, des Gefolges und von neuem das Angebot einer Allianz entsprechend der in der Sommation angebotenen, einschließlich der Garantie des hannoverschen Besitzstandes. Dazu traten ehrenvolle Kapitulationsbedingungen sowohl für die Offiziere wie auch für die Mannschaften.

König Georg lehnte ohne Umstände erneut ab. Am folgenden Tag, dem 27. Juni, kam es zur militärischen Auseinandersetzung. Offenkundig unterschätzte die preußische Armee unter *General v. Flies* den Gegner, während die hannoversche, kommandiert von General v. Arentsschildt, den ihren überschätzt hatte. Tatsächlich standen 20.000 Hannoveraner 9.000 Preußen gegenüber. Als die hannoversche Armee ihren Vorteil erkannte, ging sie aus einer Defensivhaltung zum Angriff über. Im Ergebnis zogen sich die Preußen zurück.

Auf Details der komplizierten Vorgeschichte der Schlacht selbst und auf ihren Verlauf ist hier nicht einzugehen.[81] Sie hat für unser Thema keine Relevanz. Für den König war sowohl die Schlacht selbst als auch ihr siegreicher Ausgang politisch allerdings nicht ohne Bedeutung; er sah sich oder seinen Beauftragten am Verhandlungstisch bei der Friedenskonferenz mit dem Lorbeer des Siegers von Langensalza die Verhandlungsbedingungen besser beeinflussen.

Nach der Schlacht beglückwünschte General von Arentsschildt den König mit den Worten: *Ich darf Eurer Majestät zu diesem glanzvollen Sieg glückwünschen; es ist indes der Todestag unserer Armee.*[81b]

Der folgende Tag fand Hannover in hoffnungsloser Lage. Die Preußen hatten inzwischen die klare Überlegenheit und hätten von allen Seiten angreifen können. Die hannoversche Armee, so wurde beim Kriegsrat mit dem König festgestellt, hatte kaum noch für ein Gefecht Munition, keine Lebensmittel. Der König kapitulierte zu den Bedingungen des 26. Juni, ohne dass sich das preußische Angebot des Bündnisses erneuert hätte.[82]

V. Die Annexion

a) *Der Ausschluss Österreichs aus dem Bunde, in Verbindung mit der Annexion von Schleswig-Holstein, Hannover, Kurhessen, Oberhessen und Nassau ... darf als ein Ziel angesehen werden, so groß, wie es beim Ausbruch des Kriegs niemals gesteckt werden konnte.* So Bismarck in einem Schreiben an König Wilhelm am 23. Juli 1866.[83] Um diesen Satz als einen politischen richtig zu verstehen und nicht als Ausdruck von Siegesjubel muss Bismarcks Forderung an den König hinzugenommen werden, auf Gebietserwerbungen von Österreich in Böhmen zu verzichten. Bismarck argumentierte: Österreich zur Gebietsabtretung zu veranlassen, schwäche diesen Vielvölkerstaat, der eine Stelle in Europa besetze, die sonst nicht ausgefüllt werden könnte, und führe Österreich zu einem Bündnis mit Frankreich, das Preußen beunruhigen müsse.[84]

König Wilhelm hatte nach der gegen Österreich gewonnenen Schlacht von Königgrätz (3. Juli) die Friedensbedingungen so skizziert: Bundesreform unter preußischer Leitung, Erwerb Schleswig-Holsteins, Österreichisch-Schlesiens, eines böhmischen Grenzstrichs, Ostfrieslands, Ersetzung der feindlichen Souveräne in Hannover, Kurhessen, Meiningen, Nassau durch ihre Thronprätendenten. Wenig später waren Wilhelms Ansprüche gestiegen: Der Hauptschuldige könne doch nicht ungestraft ausgehen, die Verführten könnte man leichter davonkommen lassen. Bismarck erwiderte: *Wir hätten nicht eines Richteramts zu walten sondern deutsche Politik zu treiben; Östreichs Rivalitätskampf gegen uns sei nicht strafbarer als der unsrige gegen Östreich; unsre Aufgabe sei Herstellung oder Anbahnung deutsch-nationaler Einheit unter Leitung des Königs von Preußen.* Diese Frage führte zwischen König Wilhelm und Bismarck zu einer schweren Auseinandersetzung, die indessen durch das Eingreifen des Kronprinzen zugunsten Bismarcks entschieden wurde.

Dagegen war das Thema der Annexionen gegnerischer Bundesstaaten zwischen Bismarck und König Wilhelm trotz unterschiedlicher Auffassungen kein tiefgreifend strittiger Punkt.

Bismarck war auch hier gegen Gebietsabtretungen, freilich mit dem umgekehrten Ergebnis der Totalannexion. Er wollte vermeiden, *in dem künftigen deutschen Bundesverhältniß verstümmelte Besitze zu sehn, in denen bei Dynastie und Bevölkerung der Wunsch nach Wiedererlangung frühern Besitzes mit fremder Hilfe nach menschlicher Schwäche leicht lebendig werden könnte; es würden das unzuverlässige Bundesgenossen werden.*

Hannover, Kurhessen und Nassau haben, wie Bismarck formuliert, *die Zeche bezahlt, da es nicht gelang, dem König Wilhelm die Vorstellung annehmbar zu machen, dass Preußen an der Spitze des Norddeutschen Bundes einer Vergrößrung seines Gebietes kaum bedürfen würde.* Ähnlich hieß es, als er auf die Regelung des Verhältnisses zwischen Preußen und den deutschen Kriegsgegnern zu sprechen kam: *Wir hätten die Annexionen für Preußen entbehren und Ersatz dafür in der Bundesverfassung suchen können. Se. Majestät aber hatte an praktische Effecte von Verfassungsparagraphen keinen bessern Glauben wie an den alten Bundestag und bestand auf der territorialen Vergrößrung Preußens, um die Kluft in den Ost- und den Westprovinzen auszufüllen und Preußen ein haltbar abgerundetes Gebiet auch für den Fall des frühern oder spätern Misslingens der nationalen Neubildung zu schaffen.*[85] Politisch verständlich, wenngleich in einem künftigen Bundesstaat kompetenziell nicht geboten, ist Wilhelms I. Wunsch gewesen, seine beiden durch Hannover und Kurhessen getrennten Staatsgebiete zu vereinen. Aber eine Großmacht europäischen Zuschnitts wie Preußen muss es als eine Art fürstlichen *splendors*, also des notwendigen Glanzes einer Fürstenherrschaft, betrachten, ein einheitliches Staatsgebiet zu bilden.

Am 09. Juli 1866 schrieb Bismarck an Preußens Gesandten in Paris, v. d. Goltz:

Meines Teils finde ich den Unterschied zwischen einer uns günstigen Bundesreform und dem unmittelbaren Erwerb jener Länder praktisch nicht groß genug, um dafür das Schicksal der Monarchie von neuem aufs Spiel zu setzen. Unser politisches Bedürfnis beschränkt sich auf die Disposition über die Kräfte Norddeutschlands in irgendeiner Form.[86]

Gleichwohl: Er bejahte die Annexionen, zumal sie sein Konzept für den Norddeutschen Bund erleichterten und weil König Wilhelm *damals noch mehr die Macht und Größe Preußens als die verfassungsmäßige Einheit Deutschlands im Auge hatte.*[87]

b) Es scheint, als habe Bismarck im Blick auf die Annexion Hannovers unter einem besonderen Rechtfertigungszwang gestanden, so abwegig sind die meisten der eigenen Argumente: Den von ihm mit Hilfe des Krieges angestrebten Bundesstaat vor Augen rechtfertigte gleichwohl er die Annexion Hannovers mit der schon ridikül zu nennenden Auffassung einer *Möglichkeit, bei künftigen östreichischen oder anderen Kriegen ein oder zwei feindliche Corps von guten Truppen im Rücken zu haben.* Dazu gesellte er die schon zitierte *überschwängliche Auffassung, die der König Georg V. von seiner Dynastie Mission hatte.* Eine weitere Variante dieses Gedankens, ausgerechnet nach einem gewonnenen Krieg mit freier Hand für die politische Gestaltung Norddeutschlands, war die abwegige Besorgnis, dass *die Selbstständigkeit Hanovers mit der völkerrechtlichen Befugnis, seine Truppen nach dem jedesmaligen Ermessen des Souveräns gegen oder für Preußen ins Feld führen zu können, mit der Durchführung deutscher Einheit unvereinbar war.* Er habe König Wilhelm I. gebeten, einen Brief des Königs von Hannover, den dieser unter dem 27. Juli 1866, also erst drei Wochen nach Königgrätz, an König Wilhelm geschickt hatte, nicht anzunehmen, *weil wir nicht gemüthliche, sondern politische Gesichtspunkte im Auge zu halten hätten.* Nicht das Verlangen nach Ländererwerb, sondern die Pflicht, Preußen vor wiederkehrender Gefahr zu schützen, begründe die Nötigung, diese drei Länder und die Stadt Frankfurt für immer mit Preußen zu vereinen. Bei der Beratung des Annexionsgesetzes im Verfassungsausschuss des Abgeordnetenhauses wurde Bismarck entgegnet, dass der preußische Staat sich für eine Annexion nach einem anderen Rechtstitel als dem der Eroberung umsehen müsse. Das sei nackte Gewalt. Kein neuerer Völkerrechtslehrer vertrete diesen antiquierten Standpunkt. Die Annexion könne nur durch eine Abstimmung des Volkes sanktioniert werden. Bismarck bemühte jetzt eine andere, soeben schon zitierte, Kategorie der Begründung der Eroberung; sie rechtfertige sich *mit dem Recht der deutschen Nation zu existieren, zu Atmen und sich zu einigen, zugleich aber auch mit dem Recht und der Pflicht Preußens, dieser deutschen Nation die für ihre Existenz nöthige Basis zu liefern.*[89]

1867 erreichte Bismarck bei der Beratung der Abfindungsverträge mit König Georg und dem Herzog von Nassau den Tiefpunkt in der Rechtfertigung der Annexion. Es stelle sich *die Einverleibung des Königreichs Hannover, dessen Gemeinschädlichkeit für Deutschland sich bewährt hatte, gewissermaßen als einen der Expropriation gleichkommenden Akt dar, und das Recht zu dieser Expropriation war durch den freiwilligen Beginn der kriegerischen Operation gegen uns und durch den bundesbrüchigen Beschluss in Frankfurt in unsere Hand gelegt worden.*[90] Die Unbekümmertheit dieser Polemik angesichts des Umstandes, dass er vor Zeitgenossen spricht, die die Nuancen des Jahres 1866 kannten, beruhte offenbar auf seiner jetzt nicht mehr erschütterbaren Stellung.

c) Die Welfen ließen nicht locker, insbesondere nicht der welfische Adel.

Georg Herbert Graf zu Münster war der Sohn desjenigen englisch-hannoverschen Diplomaten, der Hannover auf dem Wiener Kongress die Gebietserwerbungen und die Rangerhöhung zum Königreich erwirkt hat. Er hatte an den Entschließungen König Georgs bis zu dessen Verlassen Hannovers keinen Anteil. Während seines Besuches bei Georg V. in Altenburg, dessen ersten Quartier vor der Übersiedlung nach Wien/Hietzing, bemerkte er zur Treue Österreichs, das Wort von Napoleon zitierend: »l'Autriche triche« (das betrügerische Österreich). Aber der König erklärte ihm, *solange Österreich noch einen Soldaten auf den Beinen habe, könne Hannover nicht untergehen.*

Münster erinnerte an das Angebot des Herzogs von Braunschweig, dass König Georg in Blankenburg, also auf Braunschweigischem Territorium, Quartier nehmen könne. König

Georg lehnte ab, niemand könne ihm verwehren, bei seinem »Bundesgenossen«, dem Kaiser Franz Joseph, zu sein.[91]

Anfang August besuchte Graf Münster Bismarck und berichtete, Bismarck habe im Mai König Georg das Neutralitätsangebot *ohne Reformprojekt und mit Garantie des ganzen Territorialbestandes angeboten* (was verbal nach der oben referierten Depesche zutrifft, aber im Zuge der Verwirklichung des Norddeutschen Bundes gegenüber Hannover nicht einzuhalten gewesen wäre und von Bismarck deshalb auch gar nicht so gemeint sein konnte). Graf Münster sprach die Frage des Thronverzichts (»*Abdikation*«) zugunsten des Kronprinzen Ernst August (1845-1923) an. Bismarck erwiderte, dass er diese Idee auch gehabt habe. Der König habe sie in Wien sondieren lassen und von König Georg die Antwort erhalten: *Ein Welf kann sich unter einen Hohenzoller nicht beugen.* Zurückgekehrt nach Hannover musste Graf Münster feststellen, dass König Georg der in Herrenhausen verbliebenen Königin Marie den Kontakt mit ihm strikt verboten hatte. Sie ließ ihm dies bei seinem nächsten Besuchsversuch mit dem Ausdruck des Bedauerns mitteilen.[92]

Am 15. August besuchte, nunmehr im Auftrage König Georgs V., der ehemalige Minister *von Hodenberg* Bismarck.[93] Es war der Abend des Tages, an dem König Wilhelm im Ministerrat den Versuch unternommen hat, sich mit Teilannexionen zu begnügen.[94] Gegenüber dem Bericht von Graf Münster, so Hodenberg, hat sich Bismarck »*weit schroffer und zurückhaltender geäußert.*« Die Annexion sei unveränderlich: Er habe Graf Platens treues und ehrliches Mitgehen in der auswärtigen Politik wie zur Zeit von Ernst August erwartet. Aber nachdem Neutralität zugesagt worden sei, habe man sich sofort mit Österreich eingelassen und gezeigt, dass Hannover keine zuverlässige Haltung gegenüber Preußen bewahren werde. Zur Abdankung zugunsten des Kronprinzen: Wenn sie jetzt geschehe, so müsse erst Conseil gehalten und die Entscheidung seiner Majestät eingeholt werden. Bismarck, so v. Hodenberg, habe immer wieder betont, dass *mit dem gegenwärtigen Könige* keine Einigung möglich sei. Hodenberg fügte seinem Bericht die dringende Mahnung an seinen König an, Wien, *dieses Asyl voller vertriebener Fürsten, Bourbons, Wasas, Toscaner usw. zu verlassen.*

Aufschlussreich ist der Briefwechsel zwischen Georg V. und der Königin Marie:[95] Am 01. August (nach Nikolsburg) schreibt der König an die Königin, der hannoversche Diplomat v. Alten solle im Auftrag des Königs in Petersburg darauf drängen, *dass alle Gründe, die Preußen zur Rechtfertigung seiner Gebietsforderung von Hannover vorspiegelt, umso mehr nichtig sind, wenn Preußen den militairischen Oberbefehl in der Norddeutschen Gruppe erlangen soll. Wolle Gott, dass wir hierdurch was erreichen, denn eine Gebietsabtretung wäre so schrecklich.* Jetzt also ist er zu beidem bereit: Zum Verzicht auf den Oberbefehl über seine Armee und zu Gebietsabtretungen. Aber die Königin lässt es dabei nicht bewenden: Am 08. August schreibt sie: *... jetzt rufe ich dir im Namen der ganzen Nation zu: Rette, und nimm die Bedingungen an, wie sie sind! ... Oh, glaube mir doch nur dieses Mal und nicht diesem Platen, der niemals unser Wohl vor Augen gehabt und dich stets falsch berathen hat.* Ihr gemeinsamer Schwager, der Großherzog Peter von Oldenburg, sehe nur noch ein Mittel zur Rettung, nämlich die Abdankung zugunsten des Kronprinzen. Nach wenigen Tagen schrieb sie: Der Großherzog sei bereit, mit der Abdankung in den Händen im Namen des Kronprinzen in Berlin zu unterhandeln, *wenn auch nicht ohne mehr oder weniger erhebliche Opfer am Territorialbestande des Königreichs und an den Hoheitsrechten.* Der König antwortet auf den ersten Brief, wo denn die Garantie sei, dass diese Abdankung etwas helfe. Die Königin drängt den König am 15. August erneut, und erneut lehnt der König die Abdankung ab. Es sei unverantwortlich, *wenn ich auf die von Gott mir verliehene Krone verzichten wollte, ohne die bestimmte Bürgschaft zu haben, für unseren heißgeliebten Ernst, für unsere Dynastie und für Hannover selbst auch nur beschnittene Rechte und beschnittenes Gebiet zu erhalten.* Georg V. ist nicht mehr der König, der jedes seiner Rechte als von Gott ihm unverbrüchlich anvertraut ansieht, Gebietsumfang und Kompetenzen sind jetzt zweitrangig. Es geht ihm nur noch um Garantien dafür, den Welfenthron zu retten, sieht aber wohl nicht, dass die Chance nur in der Großmut des Siegers liegen konnte. Diese Bereitschaft zum Thronverzicht kam zu spät. Zu v. Hodenberg erklärte Bismarck, in Nikolsburg sei vielleicht eine Möglichkeit gewesen, den Thron zu retten. Dazu steht freilich im Widerspruch, dass Bismarck den König Wilhelm I. dazu vermocht hat, den erwähnten Brief Georgs V. vom 27. Juli 1866 nicht anzunehmen.[96] In diesem Brief bat Georg V. Wilhelm I. um dessen Vorstellungen zu einem Friedensschluss.

Der letzte Versuch, das Schicksal zu wenden, war die »*Adresse aus Hannover*«.[97] Am 30. August, zwei Wochen nach der Botschaft König Wilhelms an den Preußischen Landtag, in der er die Annexionen ankündigte, gewährte der König einer Deputation eine Audienz, die aus den Herren *v. Münchhausen, v. Schlepegrell* und *v. Rössing* bestand.

Die Deputation war ehrerbietig gegenüber König Wilhelm und stellte sich völlig auf den Boden der Tatsachen: Es dürfte kein Zweifel mehr darüber herrschen,

dass Preußen und nur Preußen zur Vormacht in dem neu zu errichtenden Bunde berufen sei und daß ihm als solcher bereitwilligst und rückhaltlos in reichem Maße die Befugnisse einzuräumen seien, die es zur wirksamen Durchführung dieses seines welthistorischen Berufes für erforderlich erachten mag.

Hierzu bedürfe es aber, so die *Adresse aus Hannover*, nicht einer Annexion, weil eine durch Neuordnung der Verhältnisse beschränkte Krone und eine Thronbesteigung des Kronprinzen anstelle König Georgs V. ein zuverlässiger Nachbar sei. Es sei für die Krone Preußens doch vorteilhafter, etwa zwei Millionen treuer abhängiger Bundesgenossen zu haben als fast ebenso viele widerwillig unterjochte Untertanen. Die Adresse appelliert endlich an das zur Milde geneigte und Gerechtigkeit liebende Herz König Wilhelms, der seine Krone *ebenfalls von Gottes Gnaden trage.*

Die Adresse kam jedenfalls zu spät. Graf Münster hatte es deshalb abgelehnt, die Rolle des Sprechers zu übernehmen. König Wilhelm wies in seiner Antwort darauf hin, dass bei der Bildung des Deutschen Bundes dieser darauf geachtet habe, das Bundesgebiet Preußens durch selbstständige Staaten zu teilen. Hannovers Stellung zu Preußen sei mit Ausnahme der Regierungszeit König Ernst Augusts unfreundlich gewesen, ja bei dem Votum Hannovers vom 14. Juni (der Zustimmung Hannovers zur Mobilisierung gegen Preußen) *preußenfeindlich*. Bei der Katastrophe von Langensalza, *bei welcher ich mich zwar nicht als Sieger hinstelle*, sei die hannoversche Armee vernichtet worden. Die wegen der verwandtschaftlichen Verhältnisse zwischen beiden Königshäusern schmerzlichste Prüfung habe ihn mithin zum Beschluss einer Annexion kommen lassen, als einer Pflicht, *mein Preußen für die von ihm gebrachten schweren Opfer zu entschädigen und die wahrscheinliche Wiederkehr durch die unerfreuliche Stellung Hannovers auch in Zukunft zu besorgen, in Gefahren zu beseitigen.*

Diese Antwort verfehlte den Inhalt der *Adresse*. Die *schweren Opfer* waren vermutlich die für Preußen gefallenen Soldaten bei Langensalza. Entschädigungen hierfür sind in der Regel finanzieller Art, wenn die *raison d'état* es nahe legt. Dies war bei den Verträgen Preußens mit Österreich und den süddeutschen Staaten ebenso. Und während die *Adresse* die künftige Lage Hannovers unter Preußen in größtmöglicher Klarheit und der Erkenntnis notwendiger Subordination beschrieb, bezog sich der König, fast wie eingelernt, nur auf die Vergangenheit. Die Zukunft wird gegen Ende seiner langen Erkärung wie schon bei Bismarcks Rechtfertigungen der Annexion so beschrieben, als wäre die Zukunft der alte Deutsche Bund, der Staatenbund, und nicht der Norddeutsche Bund als Bundesstaat. König Wilhelm I. ging auch nicht auf die Anspielung ein, die in den Worten »ebenfalls von Gottes Gnaden« liegt. Diese rief die religiöse Fundierung des königlichen Berufs auf. Auch König Wilhelm ließ sich in einem entscheidenden Gespräch zwischen ihm und Bismarck im Jahre 1862 von diesem daran erinnern, dass er seine *königlichen Rechte* von Gottes Gnaden habe.⁹⁸ Wenn ein König von Gottes Gnaden einen anderen entthront, entledigt er sich nicht nur des Respekts vor dessen Gottesgnadentum sondern zugleich der Achtung vor dem Fundament seines eigenen Regierens von Gottes Gnaden.⁹⁹ ¹⁰⁰

Die Situation König Wilhelms, dessen Antwort sich seltsam hölzern liest, wird erst verständlich, wenn man hinzunimmt, dass er selbst zwei Wochen zuvor, am 15. August, den Thron für die Welfen zu retten versucht hat. Der Zar hatte in einem Brief an Wilhelm I. die Entthronungen getadelt, freilich ebenso die Berufung eines Parlaments. Der König erklärte in einem Brief an Bismarck vom 14. August 1866, dass er sich auf Teilannektionen beschränken wolle; die Bedenken des Zarens stimmten mit seinen ursprünglichen Ansichten überein. In der Ministerratssitzung am 15. August setzte er sich mit Nachdruck für seine Auffassungen ein, indessen widersprachen ihm Bismarck und mit ihm das gesamte Ministerium einhellig, sodass der König der Totalannexion zustimmte.¹⁰⁰ᵃ

Münchhausen quittierte ehrerbietig, aber in der Sache schneidend: Die Antwort König Wilhelms werde

daheim ebenso tief und erschütternd wirken, als in unseren Herzen, weil damit die letzte Hoffnung auf die Erhaltung einer wie wohl nur bedingten Selbstständigkeit hinweggenommen ist. Die Hoffnung hierauf sei weniger auf diese Petition gebaut worden, als darauf, »*dass die Erinnerung an die unwandelbar treue Anhänglichkeit des hochseligen Königs Ernst August ... an Preußens Königshaus Ew. Königliche Majestät mächtige Hand abhalten werde, höchst dessen Sohn und Enkel aus der Reihe der deutschen Regenten zu streichen.*

d) Bismarcks oben referierte zahlreiche widerspruchsvolle Äußerungen über die Notwendigkeit, Hannover zu annektieren, lassen sich nicht leicht zu einer schlüssigen Antwort über das Warum der Annexion zusammenfügen. Eindrucksvoll sind, wie unter b) zitiert, seine Worte bei der Beratung der Annexionsgesetze, die Annexionen seien gerechtfertigt *mit dem Recht der Deutschen Nation zu existieren, zu Atmen und sich zu Einigen, zugleich aber mit* *dem Recht und der Pflicht Preußens dieser deutschen Nation die für ihre Existenz nötige Basis zu liefern.* Dies war offenbar die Tonlage, die die Diskussion im Verfassungsausschuss bei der Beratung des Annexionsgesetzes gebot. Es war zugleich die Tonlage des »höheren Rechts« einer Nation auf eine eigene staatliche Existenz. Preußen hatte hiernach aus diesem höheren Recht gehandelt, als es die Voraussetzung schuf, Norddeutschland zu einem Staat umzuschaffen, mit der jedenfalls nicht hinwegzudenkenden Möglichkeit, dass die vier süddeutschen Länder dem Norddeutschen Bund beitreten würden. Bismarck schlug damit auch die Tonlage an, in die Publizistik, Rechtswissenschaft und Literatur nach dem Sieg von Königgrätz nahezu einhellig einstimmten.[101]

Daneben stehen die Äußerungen Bismarcks speziell zu der Annexion Hannovers, etwa die von der Notwendigkeit, das Königreich als gemeinschädlich für Deutschland zu expropriieren (vgl. S. 70). Solche Art von Rechtfertigung muss man zwar nicht verbal wägen, sie zeigt vielmehr Bismarcks Grundauffassung, dass es in der Annexion um eine Machtfrage ging und diese keiner schlüssigen Grundlage bedurfte.

Deutlich genug zeigt dies der Umstand, dass Bismarck trotz feststehender politischer Planungen noch am 14. Juni 1866 dem Kurprinzen von Hessen-Kassel das Bündnis zu den bekannten Bedingungen anbot, dem Staat Kurhessen erneut am 15. Juni und Hannover am 05./20. Mai, am 28. Mai, am 15. Juni und sogar noch am 26. Juni in Langensalza nach Eintritt des Kriegszustandes (vgl. S. 65). An Preußen als dem Fokus eines neuen Deutschen Nationalstaates hielt er freilich konzessionslos fest.

Für das »höhere Recht«, einen Nationalstaat zu schaffen, war Bismarck mithin auf die Annexionen nicht angewiesen und hatte dies wie soeben gezeigt in seinen Bündnisangeboten zum Ausdruck gebracht. Noch in seinen »Gedanken und Erinnerungen« vertritt er den gleichen Standpunkt (vgl. S. 68): Die Annexionen waren für Preußen entbehrlich und ein Ersatz für sie hätte die Bundesverfassung sein können, aber der König habe auf der territorialen Vergrößerung bestanden, um die Kluft zwischen dem östlichen und dem westlichen Teil Preußens zu schließen. Das macht die These, dieses »höhere Recht« legitimiere die Annexionen, weiter brüchig. Kann nach *Mommsens* berühmtem Wort zwar das *»revolutionäre Recht der souveränen deutschen Nation«*[102] ein prinzipielles Recht behaupten, sich den Bundesstaat zu schaffen, so doch nicht durch Verzicht auf das Augenmaß in der Wahl der Mittel. Recht kann das Prädikat eines »höheren Rechts« beanspruchen, wenn die Geltendmachung eines solchen Rechts selbst den sittlichen politischen Maßstäben genügt, die der neue Rechtszustand verwirklichen soll, so die (oben unter b) erwähnten Stimmen im Verfassungsausschuss des preußischen Abgeordnetenhauses, die auf die Notwendigkeit der Volksabstimmung hinwiesen. Dies lässt sich für Bismarcks Annexionen nicht behaupten. Anders ist aber der Begriff des »höheren Rechts« von der passenden Umkleidung eines bloßen politischen Machtanspruchs nicht zu unterscheiden.

e) Will man in den Vorgängen des Jahres 1866 eine Verwirklichung revolutionären Rechts der souveränen deutschen Nationen ausmachen, so lässt sich dies anhand der von Preußen provozierten Auflösung des Deutschen Bundes diskutieren. Mommsen hatte den Deutschen Bund, wie bereits oben zitiert, als »Souveränitätsschwindel« gekennzeichnet. Als Fürstenbund ohne eine andere Legitimation als die des Gottesgnadentums hat er sich als Hemmnis für jede Entwicklung zu einem konstitutionell verfassten, also mit einer repräsentativen Körperschaft aufgrund allgemeiner Wahlen ausgestatteten Bundesstaat, erwiesen. Bismarck hat wohl zunehmend beides gesehen, gleichsam die Wiedergeburt eines deutschen Reiches aus dem Geist der preußischen Monarchie. Der Fürstenbund hat die Revolution von 1848/49 um ihre Früchte gebracht und hat ebenso Bismarcks beharrliches Streben nach einer Repräsentativkörperschaft aufgrund allgemeiner gleicher Wahlen bis zum Ende des Deutschen Bundes zu inhibieren vermocht. Dass Bismarck damit auch Ziele für Preußen verfolgte, indem das zahlenmäßige Gewicht Preußens in einem solchen Parlament stärker zum Zuge gekommen wäre, hat an der nationalen Berechtigung seiner Forderung nichts geändert. Im Zollverein von 1834 war genau betrachtet schon der kleindeutsche Ansatz zur Staatenbildung unter preußischer Führung vorgebildet. Er hat in beschränktem Umfange die landesherrlichen Grenzen aus zwingenden wirtschaftlichen Gründen zu überwinden vermocht und schon damit das Souveränitätsdenken des Fürstenbundes beeinträchtigt.

VI. Der Vertrag zwischen Preußen und König Georg V.

a) Der vermögensrechtliche Vertrag zwischen König Georg V. und dem König von Preußen vom 29. September 1867 beleuchtet noch einmal die Situation König Georgs V. im Exil und ebenso die politischen Absichten, die Bismarck mit diesem Vertrag verbunden hat, der wegen seiner finanzieller Großzügigkeit gegenüber Georg V. insbesondere von konservativ-preußischer Seite kritisiert wurde.[103]

Das Rubrum des Vertrages lautet:
Seine Majestät der König von Preußen und seine Majestät König Georg V. haben behufs Verhandlungen über ein Arrangement in Betreff der Vermögens-Verhältnisse seiner Majestät des Königs Georgs V. zum Bevollmächtigten ernannt:
(Für den König von Preußen:) pp.
(Für den König Georg V.:) Den Staats-Minister a.D. Windthorst

§ 1 des Vertrages lautet:

§ 1
Seiner Majestät dem Könige Georg V. verbleibt:
1. Das Schloss zu Herrenhausen nebst Zubehör,
2. Die Domäne Calenberg, ..., jedoch bleiben diese Vermögensobjekte solange in Preußischer Verwaltung, bis seine Majestät der König Georg V. auf die Hannoversche Königskrone für Sich und Seine Erben ausdrücklich verzichtet.

Es folgen die §§ 2 bis 9, vorwiegend vermögensrechtliche Angelegenheiten Georgs V. regelnd, und in § 8 ausdrücklich vorbehaltend, dass der Königin Marie die zu ihrem Privatvermögen gehörende Marienburg samt Zubehör verbleibt, wie auch dem Kronprinzen Ernst August und den Prinzessinnen Friederike und Mary das ihrige.

Der Vertrag enthält nicht den förmlichen Verzicht Georgs V. auf die Krone des Königreichs Hannover. Auch schlüssig ist dem Vertrag dieser Verzicht nicht zu entnehmen. Wohl aber ist unter dem Gesichtspunkt, inwieweit König Georg V. sich mit den bestehenden Verhältnissen zu arrangieren versuchte, einiges bemerkenswert: Dass den Vertrag der König von Preußen und nicht König Wilhelm von Preußen schließt, hängt damit zusammen, dass er für den Staat Preußen handelt, der sich in diesem Vertrag vielfältig verpflichtet. Dagegen fällt auf, dass der König Georg V. nicht als *König Georg V. von Hannover* erscheint. Zwar handelt er als Inhaber eines Privatvermögens und konnte also nicht firmieren »der König von Hannover«, wohl aber nach eigener Rechtsauffassung »König Georg V. von Hannover«. Es kann kein Zweifel darüber bestehen, dass nur mit dem Rubrum des Vertrages dieser zustande kommen konnte. Georg V. hatte abzuwägen zwischen einer durch seinen Bevollmächtigten unterzeichneten bloßen Hinnahme der Annexion Hannovers mit der Folge des Verzichts auf den Titel im Rubrum »König ... von Hannover«, den er beanspruchte, oder dem Verzicht auf den Vertrag.

Auffallend ist weiterhin § 1, worin sich König Georg auf die Formulierung der aufschiebenden Bedingung eines Verzichts auf die Hannoversche Königskrone einlässt. Der Verzicht ist also nicht ausgesprochen, ist aber von König Georg V. als rechtliche Möglichkeit akzeptiert worden. Ist aber auf den hannoverschen Königsthron ein legitimer Anspruch von Gottes Gnaden und also ein nach der monarchischen Souveränitätslehre dem König anvertrautes Pfund, hätte der Verzicht von König Georg auch nicht als Möglichkeit akzeptiert werden können. Verzicht bedeutet Verfügung im Rechtssinne. Auf das, was unverfügbar ist, kann nicht verzichtet werden. Wird der Verzicht von Georg V. gegenüber dem König von Preußen als aufschiebende Bedingung festgeschrieben, ist er ein reines Element des Zivilrechts geworden.

Wie Bismarck sich anlässlich der Auseinandersetzung über den Vertrag im preußischen Abgeordnetenhaus über die *Gemeinschädlichkeit des Königreichs Hannover* sich geäußert hat, ist oben unter

Ludwig Windthorst,
hannoverscher Justizminister,
nach 1866 juristischer Ratgeber
König Georgs V. von Hannover
Lithografie um 1870

V. b) behandelt worden. Die preußische Regierung habe es, so Bismarck, als ihre Aufgabe angesehen, diejenigen Empfindungen innerhalb und außerhalb Deutschlands, die durch die Neuordnung der Dinge verletzt sind, nach Kräften zu versöhnen. Wenn dieser Vertrag dazu beitrage, dann halte er den Preis, der gezahlt wird, nicht für zu hoch, ja er würde eher noch 10 Millionen drauflegen, wenn es auf ihn allein ankäme und die Unterschrift des Königs Georg V. nicht anders zu erreichen sei. Nach seiner, Bismarcks, Auffassung habe der König mit diesem Abkommen seinem Rechtsanspruch auf die Krone entsagt *und zwar mit vollem Bewusstsein*. König Georg habe die Wahl gehabt in einer vielleicht etwas beschränkteren Lage eine bestimmte Zeit zu verharren oder durch dieses Abkommen mit Preußen seine Lage sofort zu erleichtern. Er habe das Letztere vorgezogen. Er, Bismarck, habe sich die Frage eines Rechtsanspruchs von König Georg V. [auf die Vorteile dieses Vertrags für diesen] nie gestellt, vielmehr die: *Welche politischen Vortheile gehen aus dem Abkommen hervor für die Gesamtlage der Politik? ... die Befestigung der politischen Lage, die wir aus solchen Abkommen für uns Hannover gegenüber, Europa gegenüber, der Umgebung des Königs Georg gegenüber herleiten, haben wir durch dieses Abkommen in vollem Maße.*[104]

b) Der Vertrag, so Bismarcks fehlgeschlagenes Kalkül, sollte König Georg den Schneid auf seinen Thron abkaufen. Aber er hatte das bekannte gewichtige Nachspiel: Für Georg V. hatte sich inzwischen eine »Welfenlegion« gebildet, nicht ohne des Königs Billigung und finanzielle Unterstützung. Die Chance, die er für sich sah, war ein Konflikt Frankreichs mit Preußen bzw. dem Norddeutschen Bund, bei dem die Welfenlegion (es waren nicht mehr als 1.000 Mann) auf der Seite Frankreichs sein würde und Frankreich bei siegreichem Ende König Georg zu seinem Thron verhelfen würde. Vergeblich hatte schon 1866 der Großherzog von Oldenburg der Königin Marie vor Augen gestellt, dass jede Spekulation auf einen Sieg Frankreichs bedeuten würde, dass Frankreich sich die Gebiete links des Rheins einverleiben würde, wie dies

Napoleon I. getan hatte und allenfalls als zweitrangig Georg V. zu seinem Thron verhelfen könnte. Dieser Thron wäre dann, was der Großherzog nicht aussprach, mit einem nationalen Makel behaftet gewesen.

Die Welfenlegion wurde nach Frankreich verlegt, nachdem Preußen Österreich wegen dieser Truppe Vorstellungen gemacht hatte. Anlässlich seiner Silberhochzeit sprach der König im Sinne einer Gewissheit davon, er werde von seinem Land bald wieder Besitz ergreifen. König Wilhelm verfügte daraufhin durch Notverordnung die vorläufige Beschlagnahme der Erträge König Georgs aus dem Vertrag.[105] Die Zinserträge des Welfenfonds sollten »Maßregeln zur Überwachung und Abwehr der gegen Preußen gerichteten Unternehmungen des Königs Georg und seiner Agenten« dienen. Georg V. sah sich daraufhin gezwungen, Anfang 1870 die welfische Legion aufzulösen, so dass sie sich am Krieg 1870/71 nicht beteiligte. Trotz der klaren Zweckbestimmung der Erträge aus dem König Georg zugesprochenen Kapital, die die Notverordnung aussprach, wurden die Erträge für andere Zwecke verwandt (Beeinflussung der Presse; am bekanntesten jahrelang gezahlte Mittel von 300.000 Mark in die Kabinettskasse des Königs Ludwig II. von Bayern.)[106] Diese Politik fand scharfe Gegner auch in Preußen; auch Königin Victoria von England verwandte sich gegenüber Wilhelm II. dafür, die Sache im Sinne der welfischen Familie zu beseitigen. Erst 1892 wurde die Beschlagnahme aufgehoben, nachdem Kronprinz Ernst August erklärt hatte, er werde gegen das Deutsche Reich nichts unternehmen.[107]

VII. Besetzung und preußische Provinz Hannover

Das Schicksal Hannovers als preußische Provinz nach der Besetzung des Königreichs mit preußischen Truppen zu verfolgen, ist nicht Aufgabe dieser Studie.[108] Einige Hinweise müssen genügen:

a) Bereits Ende Juni 1866 wies Bismarck den Militärgouverneur im Königreich darauf hin, dass die Presse einer Zensur zu unterliegen habe. Es war der Anfang der entschiedenen Unterdrückung aller öffentlichen Manifestationen zugunsten Georgs V., seien es Zeitungen, Demonstrationen oder Unterschriftensammlungen. Am 04. August 1866, also bevor König Wilhelm I. dem Preußischen Landtag seine Annexionsabsichten mitgeteilt hatte, wurde selbst eine für den preußischen König bestimmte Denkschrift für die Gestaltung der Verhältnisse des Königreichs mit Beschlag belegt und deren Verbreitung mit allen Kräften verhindert.[109] Noch ein halbes Jahr später, im Dezember 1866, gab es für Bismarck offenbar Veranlassung, den preußischen Zivilkommissar zu ermächtigen, ohne weitere Rücksprachen Beamte zu entlassen.[110]

Die Rigorosität im Vorgehen gegen die »*welfischen Umtriebe*« hatte das Ziel, diejenigen Verhältnisse herzustellen, die es Preußen gestatten würden, nachdrücklich die Integration Hannovers in Preußen durch die Respektierung »berechtigter Eigentümlichkeiten« in Angriff zu nehmen, wie dies der König in seinem besitzergreifenden Patent vom 03.10.1866 versprochen hatte.[111] Um dieser Respektierung in einem integrativen Sinne Wirksamkeit zu verschaffen, war es Bismarck wichtig, den Gegnern der Annexion keine publizistische oder gar politische Chance zu lassen. Die Voraussetzungen waren günstig. Das nationale Bürgertum sah sein Interesse in Preußen gut aufgehoben. Das Königreich Hannover hatte durch den Beitritt zum Zollverein 1854 ihre eigene wirtschaftspolitische Kompetenz ohnehin weitgehend eingebüßt. Die preußen- und annexionsfreundlichen Stimmen kamen von Industriellen, Fabrikanten, Kaufleuten, Gewerbetreibenden; die Ablehnung hatte ihre Basis in konservativen welfischen Kreisen des ländlichen Raumes mit seinen Kleinstädten, im Adel, in der Beamtenschaft und in der ev.-luth. Landeskirche.[112]

b) Eine »Erklärung und Eingabe von 39 früheren hannoverschen Abgeordneten und 70 Mitgliedern städtischer Kollegien« vom Herbst 1866 in Bezug auf die Einverleibung Hannovers in die preußische Monarchie analysiert die Situation:

Hiernach betrachtete ein Teil des Landes die Vereinigung mit Preußen als glückliches Ereignis, ein anderer als unabänderlich und ein großer Teil stehe den neuen Zuständen noch feindlich gegenüber. Indessen sei die Wiederherstellung des Königreichs Hannover nur mit Hilfe des Auslandes und auf Kosten und zum Ruine Deutschlands möglich; es sei die *patriotische Pflicht* an der Wiederherstellung geordneter Zustände mitzuwirken. Nutzlos sei die Erwägung trügerischer Hoffnungen; sie rufe Verstimmung und Verbitterung hervor. – Die Verfasser der Erklärung erwarteten von Preußen, dass die Regierung *sorgsam die besonderen Verhältnisse und Eigenthümlichkeiten des Landes achten und schonend den Übergang vermitteln wird.* Die Hannoveraner wünschten, dass die Gesetzgebung eine Fortsetzung erhält im Blick auf die Städteordnung, die Landgemeindeverfassung, die bäuerlichen Rechtsverhältnisse. Daher solle ein Teil des Staatsvermögens zur Deckung provinzieller Verpflichtungen und Bedürfnisse unter Mitwirkung einer provinziellen Vertretung ausgeschieden werden.[112a]

Bismarck, seinem integrativen Ansatz folgend, engagierte sich für eine eigene Provinzialverfassung für das ehemalige Königreich, hatte allerdings im preußischen Kabinett, wo er nicht Kanzler sondern als Ministerpräsident nur primus inter pares war, für diesen Plan erheblich zu kämpfen. Die Mehrzahl der Kabinettsmitglieder neigte zu einer rigorosen Borussifizierung Hannovers. Schließlich kamen 24 hannoversche Vertrauensmänner am 29. Juli 1867 in Berlin zusammen. Die Auswahl der Persönlichkeiten geschah durch Absprache zwischen Bennigsen und dem Innenministerium.[113] Die Vertrauensmänner lassen sich drei Gruppen zuordnen, den Welfen, den Nationalliberalen und den Vertretern des ländlichen Grundbesitzes, die ebenfalls mehrheitlich nationalliberal gesonnen waren. Die Nationalliberalen hatten in Bennigsen und Miquel bedeutende Vertreter, während Ludwig Windthorst, den Welfen zuzurechnen, nicht teilnahm.[114] Das Gremium war in der Vertretung hannoverscher Interessen erfolgreich, weil es einmütig gegenüber Preußen agieren konnte. Hannover erhielt eine provinzialständische Verfassung; die hannoversche Städteordnung von 1854 und die Landgemeindeordnung von 1859 blieben erhalten; für die staatlichen Unterbehörden gab es einen Kompromiss zwischen dem Vertrauensgremium und dem preußischen Innenministerium.

Die provinzialständische Verfassung war mit dem Ausbau des Selbstverwaltungselements den altpreußischen Verfassungen voraus. Der erste gewählte Provinziallandtag (September 1867) setzte die Überweisung des sogenannten Domanialablösungsfonds des Königreichs als Provinzialfonds durch; mit dieser Basis erhielt der Provinziallandtag autonome Gestaltungsmöglichkeiten, unabhängig von den preußischen Regierungsinstanzen, denen die Rechtsaufsicht verblieb. Die Auseinandersetzungen im preußischen Landtag bekamen rasch eine prinzipielle Bedeutung, die in der preußischen Innenpolitik den eigentlichen Durchbruch des provinzialen Selbstverwaltungsgedankens erbracht hat.[115] Die Verordnung vom 22. August 1867 über die Provinzialständeverfassung bezeichnete als Gebiet »das Gebiet des vormaligen Königreichs Hannover« nicht also das Gebiet der Provinz Hannover. Dieses Gebiet selbst bildet den provinzialständischen Verband. Er hat die Rechte einer Korporation und wird durch die Provinzialstände vertreten, die sich zum Provinziallandtag versammeln. Die Aufsichtsbefugnisse der Staatsregierung bzw. des Oberpräsidenten sind klar geregelt. Der Landtag besteht aus 25 gewählten Abgeordneten aus den größeren Grundbesitzern, zu denen sechs weitere namentlich genannte Fürsten und Grafen hinzutreten, so dann aus 25 Abgeordneten der Städte und ebenso vielen aus den Landgemeinden.

c) Am 12. Februar 1867 fanden die Wahlen zum Konstituierenden Norddeutschen Reichstag statt und am 31. August 1867 die Wahlen zum ersten ordentlichen Reichstag des Norddeutschen Bundes. An beiden Wahlen nahmen die von Preußen annektierten Gebiete teil, obschon die Bevölkerung dieser Gebiete noch unter der auch von Bismarck so bezeichneten »Diktatur« standen, die der Militärgouverneur und sein Zivilkommissar ausübten. Für Hannover war die erste Wahl praktisch die Volksabstimmung über die Annexion.[116] Während die nationalliberale Seite sich auf den Boden der Annexion stellte, verfocht die welfische Seite die Selbstständigkeit Hannovers. Man muss im Auge behalten, dass sich in dieser Gruppierung nicht nur diejenigen wiederfanden, die das welfische Königtum wiederhergestellt sehen wollten sondern ebenso diejenigen, denen es schlechtweg auf die Selbstständigkeit Hannovers als eines Bundesstaates innerhalb des Norddeutschen Bundes ankam. Ein Bündnis mit der aufkommenden Arbeiterbewegung fanden beide Gruppierungen nicht; offenbar ließ sich die Arbeiterschaft in der Stimmabgabe durch die industrielle Situation bestimmen, die sie jeweils vorfand und mit der sie ihre Interessenwahrung auskämpfen musste.

Das Ergebnis war für beide Seiten eine Enttäuschung. Bei einer Wahlbeteiligung von 70% in der Februarwahl des Reichstags überwog die nationalliberal ausgerichtete Gruppierung mit 47,8% ganz knapp gegenüber der welfisch gesonnenen von 45,2%. Die größere Enttäuschung lag auf der welfischen Seite. Sie konnte nicht damit rechnen, dass schon acht Monate nach dem Exil ihres Königs trotz hoher Wahlbeteiligung sich für ihre politische Auffassung keine Mehrheit fand. In einem Brief des Obergerichtsrats *Planck an Dr. Oppermann* in Nienburg hieß es, es werde die Aufgabe des Parlaments sein, *dass aus Preußens Siegen die Einheit und Freiheit Deutschlands* hervorgehe. Es müsse der Zweck des Opfers, das Hannover mit seiner Selbstständigkeit gebracht habe, wirklich erreicht werden, nämlich die Verwirklichung des preußischen Königsworts: Was Preußen erworben, hat Deutschland gewonnen. Bismarck war deshalb enttäuscht, weil er darauf gesetzt hatte, dass durch das allgemeine Wahlrecht, das die Arbeiter mit vollem Stimmrecht versah, diese, politikentfernt, konservativmonarchisch wählen würden. Das hat, abgesehen von lokalen Gegebenheiten, offenbar eher dazu geführt, dass man die Welfen unterstützte. Am 31. August 1867 bei den Wahlen zum ersten regulären Reichstag unterlagen allerdings die in der Februar-Wahl nur knapp geschlagenen Annexionsgegner eindeutig. Die Partikularisten, wie man sie seinerzeit nannte, brachten nur fünf Kandidaten durch (Windthorst, v. Hammerstein, v. Münchhausen, Jordan, Graf Grote), die Nationalliberalen dreizehn, vor allem Bennigsen, Gumbrecht, Miquel und Planck. Hinzu kam der nunmehr freikonservative Graf Münster. Entscheidend war für das Ergebnis auch die geringe Wahlbeteiligung. Im Schnitt lag sie bei nur 25%. Offenbar hatte der welfisch wählende Bevölkerungsteil resigniert. Die Voraussetzungen für eine Integration Hannovers in den preußischen Staat begannen sich günstig zu entwickeln. Die 1869 gegründete Deutsch-Hannoversche-Partei (DHP) beteiligte sich an den Landtags- und Reichstagswahlen des Kaiserreiches und der Republik mit unterschiedlichem Erfolg.

d) Der Gesichtspunkt der Selbstständigkeit Hannovers nach 1918 im immer noch großen Preußen führte zu der Abstimmung vom 18. Mai 1924, die ohne Ostfriesland stattfand, weil sich dieser Gebietsteil stets und auch während der welfischen Herrschaft preußisch gefühlt hat. Es waren 450.000 Abstimmende für eine Volksabstimmung zur Ablösung Hannovers, es fehlten indessen 140.000 Stimmen zum erstrebten Erfolg. Gelang also nicht die Ablösung Hannovers von Preußen, so führte gut zwei Jahrzehnte später die Auflösung Preußens durch die vier Siegermächte zum Ziel.[118]

Anmerkungen und Kommentare

1 ABl. für Niedersachsen (Hannover, Oldenburg, Braunschweig, Bremen), 1946, S. 54f.

2 Sten. Bericht über den Niedersächsischen Landtag – Erste Ernennungsperiode – 09.12.1946 Sp. 6f.

3 In *E.R. Huber*, Dokumente zur deutschen Verfassungsgeschichte, Band 2, Dritte neubearbeitete Auflage, 1986, Nr. 185.

4 Dieser »*Verein*« war von *Napoleon III.* inspiriert. Er kam nicht zustande und wurde auch z.b. von Baden ausdrücklich abgelehnt; vgl. zu diesem Verein *H. v. Sybel*, Die Begründung des Deutschen Reiches durch Wilhelm I, Fünfter Band, 1899, S. 211ff.). Österreich und Preußen nahmen das Vermittlungsangebot Napoleons III. an; hierzu ausführlich *L. Hahn*, Fürst Bismarck, sein politisches Leben und Wirken, Erster Band, 1882, S. 478ff.

5 Über die erstaunliche Brutalität Bismarcks gegenüber Frankfurt nach der Besetzung durch preußische Truppen unterrichtet der zeitgenössische Artikel »Frankfurt« von »Meyer's neues Konversations-Lexikon«, 2. Auflage, XVI. Band, 1868.

6 GS 1866, S. 555.

7 Daselbst § 3.

8 *L. Hahn*, Fn. 4, S. 560ff., 563.

9 Auch Bismarck sieht Niedersachsen als einheitliches Gebiet; er spricht von *Anhänglichkeit an schwäbische, niedersächsische, thüringische Eigenthümlichkeiten* und von der Unnatürlichkeit der Grenze, *welche den niedersächsischen Altmärker bei Salzwedel von dem kurbraunschweigischen Niedersachsen bei Lüchow trennt*; *O.v. Bismarck*, Gedanken und Erinnerungen, 13. Kapitel.

10 *D. Brosius*, Hannover und Preußen vor 1866 in: *R. Sabelleck*, Hannovers Übergang vom Königreich zur preußischen Provinz: 1866, 1995, S. 25; *ders.* Georg V. von Hannover – Der König des monarchischen Prinzips in Nieders. Jahrb. Band 51, 1979, S. 28.

11 Hierzu anschaulich *v. Rotteck-Welcker*, Staats-Lexikon, Dritte Auflage, 1862, Art. Hannover, S. 426ff.

11a *H.C. Mahrenholz*, Die unbekannte Westfront des Siebenjährigen Krieges 1757-1763 in: Beiträge zur Geschichte Hilchenbachs, Folge 24, 2010.

12 Ausführlich dargestellt von *R. Oberschelp*, Politische Geschichte Niedersachsens 1803-1866; Veröffentlichungen der Niedersächsischen Landesbibliothek Hannover, Band VIII, 1988.

13 Zu der folgenden Epoche bis 1866 *Oberschelp*, Fn. 12, und die »Trostbriefe für Hannover«, anonym 1866, (Verfasser war *Heinrich Albert Oppermann*, 1812-1870, Obergerichtsanwalt in Nienburg, liberaler Abgeordneter der Zweiten Kammer in Hannover und nach 1867 Mitglied des Preußischen Abgeordnetenhauses). Die Trostbriefe waren eine historisch fundiert geschriebene, sarkastische Darstellung der Welfendynastie, ausführlich seit der Thronbesteigung in London, insbesondere aber eine Auseinandersetzung mit König Georgs V. Politik. H. A. Oppermann hat nach eigenem Zeugnis, entgegen den Intentionen der *Göttinger Sieben*, deren Protestschreiben an das Göttinger Universitätskuratorium wegen der Aufhebung des Staatsgrundgesetzes von 1833 durch König Ernst August an die Öffentlichkeit gebracht, siehe *Kl. Palandt, H. J. Kusserow* (Hg): Heinrich Albert Oppermann, Unruhestifter und trotziger Demokrat, ein Lesebuch, 1996, S. 57. Hauptwerk *Oppermanns* ist der Roman »Hundert Jahre Einsamkeit«, 1862, erst 1958 von *Arno Schmidt* in einem Funkessay des Südwestfunks eingehend gewürdigt.

14 *Meyer*, Fn. 5, vgl. auch *R. Oberschelp*, Fn. 12.

15 So von *Rotteck-Welcker*, Fn. 11, Art. »Hannover«, dort sehr detailliert zu den Vorgängen, auch im Deutschen Bund; vgl. hierzu auch *Oberschelp*, Fn. 12; Vgl. auch die ausführliche Dokumentation in *E.R. Huber*, Fn 3 Band 1 Nrn. 60-70

16 Georg *Schnath*, Geschichte des Landes Niedersachsen, 4. Auflage, 1981, S. 52f., Fn. 10.

17 *E. Hüsgen*, Windthorst, 3. Aufl. 1911, S. 31

18 *H. J. Häussler*, nach *M. Mende*, Der fortgesetzte Wandel: Hannovers

Industrialisierung und Infrastruktur vor und nach 1866 in: *Rainer Sabelleck* (Hg.) Fn. 10.

19 Zum Folgenden *D. Brosius*, Fn. 10; *E. Hüsgen*, Windthorst, Fn. 17, S. 57f.

20 *v. Rotteck-Welcker* (Fn. 10), S. 451ff.; hier wird auch Bismarck als Gutachter Georgs V. zu hannoverschen Verfassungsfragen erwähnt.

20a *G. Meyer*, Lehrbuch des Deutschen Staatsrechtes, 6. Aufl. 1905, Hg. *G. Anschütz*, S. 145.

21 *Georg Schnath*, Fn. 16, S. 54

22 Nieders. Hauptstaatsarchiv Dep. 103 VII 62.

23 *v. Bismarck*, Fn. 9, 21. Kapitel unter VI.; anschaulich *E. Hüsgen*, Fn. 17, S. 33ff.

24 Georg Herbert Graf zu Münster, Mein Anteil an den Ereignissen von 1866; 1868, S. 8, 22. Unter des Königs Beratern mit zweifelhaftem Einfluss auf ihn ragt *Oskar Meding* hervor (1828 bis 1903). Er war, nachdem er den Exilhof von Georg V. verlassen und auch seinen Dienst in Paris im Auftrag des Königs quittiert hatte, erfolgreicher Romanschreiber und Verfasser einer Autobiographie. Ausführliche Unterrichtung über Person und Leben Medings bei *Georg Ruppelt*, im Ausstellungsband zur Ausstellung »Der lange Abschied, Das Ende des Königreichs Hannover 1866 und die Folgen«, Hrsg. *Arne G. Drews*, 2009, S. 50. Über Georgs V. Berater ebenso abfällig der hannoversche Staatsrat *Zimmermann* in einer Denkschrift vom 19.12.1862 (nach *Hüsgen*, Fn. 17, S. 56).

25 Nach *Ludwig Windthorsts* Rücktritt als Justizminister war er Kronanwalt Georgs V. in Celle; von 1867-1891 Mitglied des Deutschen Reichstages und Führer (wenn auch nicht Vorsitzender) der Centrumsfraktion; vor allem im Kulturkampf, aber nicht nur dort der eigentliche Gegenspieler Bismarcks. Windthorst war lange Jahre zugleich Mitglied des Preußischen Landtages.

26 *H.A. Oppermann*, Fn. 13, S. 62ff.; *E. Hüsgen*, Fn. 17, S. 54f.

26a *H. Barmeyer*, Hannovers Eingliederung in den preußischen Staat, Annexion und administrative Integration 1866-1868, 1969, S. 38.

27 *E. Hüsgen*, Fn. 17, S. 57f.
28 *E.R. Huber*, Fn. 3, Band 1, Nr. 30.
29 *Huber*, Fn. 3, Band 1, 1978, Nrn. 30-34, 38, 42-50.
30 Hierzu insbesondere das materialreiche Werk von *Hans Werner Hahn, Helmut Berding*, Reform, Restauration und Revolution, 1806-1848/49 in: »Gebhardt«, Handbuch der deutschen Geschichte, 10. Aufl., Band 14, 2010, hier § 10; *dies.*, Zur Revolution von 1848/49 ebd. § 18; Freiherr vom Stein lehnte es wegen der Schwächlichkeit des Deutschen Bundes ab, Preußen in der Bundesversammlung als Gesandter zu vertreten (hierzu *Jörg-Detlef Kühne*, Freiherr vom Stein in: Selbstverwaltung in der Geschichte Europas, Hg. *Helmut Neuhaus 2003*, S. 197.
31 So *E. Pitz*, Deutschland, Hannover im Jahre 1866, Nieders. Jahrb. 1966, Band 58, S. 99
31a Hierzu *Fr. Stern*, Gold und Eisen, Bismarck und sein Bankier Bleichröder, 2008, S. 91.
31b *O. Brunner*, Vom Gottesgnadentum zum monarchischen Prinzip, in: Das Königtum, 1957, S. 301ff.
31c *E.-W. Böckenförde*, Der deutsche Typ der konstitutionellen Monarchie im 19. Jahrhundert, in: Staat Gesellschaft Freiheit, 1956, S. 131.
31d Vgl. hierzu *E.R. Huber*, Fn. 3, Nrn. 110/121, 201-205.
32 *E.R. Huber*, Fn. 3, Band 2, Nr. 85.
33 *Johannes Miquel (1828-1901)*, Jurist, 1865 Bürgermeister von Osnabrück; Mitglied der Zweiten Kammer des Königreichs; 1859 mit *Rudolf v. Bennigsen* (1824-1902) Mitbegründer des Deutschen Nationalvereins, 1862 Vorsitzender der National-Liberalen Partei, 1890-1901 preußischer Finanzminister, vom preußischen König geadelt; 1867-1877 Mitglied des preußischen Abgeordnetenhauses und des Reichstages. *Rudolf v. Bennigsen*, Mitglied der Zweiten Kammer im Königreich bis 1866; dort scharfer Opponent gegen die Regierung Georgs V.; Mitbegründer des Deutschen Nationalvereins; 1867-1883 Vorsitzender der National-Liberalen Partei, 1867-1898

Mitglied des Reichstages und des preußischen Abgeordnetenhauses; unterstützte nach 1866 Bismarck; zuletzt Oberpräsident der Provinz Hannover.

34 *Otto Frhr. v. Manteuffel*, preußischer Ministerpräsident 1850-1858.

35 *E.R. Huber*, Fn. 3, Band 2, Nr. 99.

36 Fn. 3, Band 2, Nr. 90; *ders.*, Deutsche Verfassungsgeschichte seit 1789, Band III, Kapitel VII, Der Kampf um die Bundesreform, S. 90-142.

37 Die Frage, ob Bismarck von vornherein die kleindeutsche Lösung angestrebt habe, dürfte wohl gegenwärtig überwiegend verneint werden; hierzu *E. Kolb*, Großpreußen oder Kleindeutschland?, in: Bismarck und seine Zeit (Hg. *Johannes Kunisch*), 1992, S. 11ff.

38 Zitiert nach *L. Gall*, Bismarck, Der weiße Revolutionär, o.J. (nach 1980), S. 345.

39 *v. Bismarck*, Fn. 9, 13. Kapitel a.E., Eine Anschauung der Souveränitätspraxis des Deutschen Bundes, also nach dem oben referierten Art. 2 der Bundesakte, gibt das Protokoll der Bundesversammlung vom 5. Januar 1865. Es weist unter § 5 der Tagesordnung die Mitteilung des Gesandten des Fürstentums Reuß älterer Linie aus, dass *mittelst Verordnung vom 30. November v.J. die acht Vorschläge der Nürnberger Commission zur Ergänzung der Deutschen Wechselordnung im Fürstentume Reuß älterer Linie gesetzliche Geltung erlangt haben.*

40 *E.R. Huber*, Fn. 3, Band 2, Nrn. 100-114; *L. Gall*, Fn. 38, S. 351ff.

40a *H. Barmeyer*, Bismarck zwischen preußischer und nationaldeutscher Politik, in *J. Kunisch*, Fn. 37, S. 47.

40b *E.R. Huber*, Fn. 3, Nr. 158; zum Folgenden insbesondere bei *Fr. Stern*, Fn. 31a, das informative Kapitel »Zwischen Königsthron und Galgen«, S. 86ff.

41 *Bismarck*, Fn. 9, 19. Kapitel unter IV.

42 *E.R. Huber*, Fn. 3, Nr. 159; (vgl. hierzu E. Kolb, Fn. 37). Diese Depeschen der Regierungen an den eigenen Gesandten wurden von diesem der anderen Regierung mündlich zur Kenntnis gebracht und alsdann, je nach Weisung, in Abschrift hinterlassen.

43 *E.R. Huber*, Fn. 3, Band 2, Nr. 160.
44 *L. Gall*, Fn. 38, S. 343.
45 E. Kolb, Fn. 37, S. 29.
46 *E.R. Huber*, Fn. 3, Nr. 161.
47 *Ders.* Fn. 3, Nr. 162.
48 *v. Sybel*, Fn. 4, Vierter Band, 1889, S. 410. Gleiches Ansinnen, verbunden mit Kriegsdrohung, richtete Frankreich an Bismarck im August 1866, vgl. L. Hahn, Fn. 4, S.508ff.
49 *v. Bismarck*, Fn. 9, 19. Kapitel IV.
50 *H. Ritter v. Srbik*, Quellen zur deutschen Politik Österreichs 1859-1866, Band V, Zweiter Halbband, 1938, Nr. 2467.
51 *H. Ritter von Srbik*, Fn. 49, Nr. 2651.
52 Für den folgenden Notenwechsel zwischen Berlin und Hannover vgl. *L. Hahn*, Fn. 4, S. 436ff.
52a *v. Sybel*, Fn. 4, Nr. 2662
53 Beide Königinnen wurden in Hannover als Töchter des dortigen kurfürstlich hannoverschen Gouverneurs Herzog Karl von Mecklenburg-Strelitz geboren.
54 *W.v. Hassel*, Geschichte des Königreichs Hannover, Zweiter Teil, Zweite Abteilung, 1803-1866; 1901, S. 321ff.
54a Dieses Urteil wird bestätigt in der umfassenden Abhandlung von *Fv. Köster*, Hannover und die Grundlegung der preußischen Suprematie in Deutschland 1862-1864, 1978.
55 *H. Ritter v. Srbik*, Fn. 50, Nr. 2706; zum Folgenden Nrn. 2707, 2739, 2741; Nieders. Hauptstaatsarchiv Dok. 103, VIII. 189 Bl. 25ff.
56 *Ders.* Nr. 2741. Hätte Österreich mit seiner Verlockung preußisches Gebiet gemeint, würde die Sprache direkter ausgefallen sein. Sich auf Kosten des unterlegenen Gegners zu arrondieren, bedürfte keiner Verschlüsselung »*so mancher Kombinationen*«. Gebiete des Herzogtums Braunschweig können hier nicht gemeint gewesen sein, da beide Territorien welfische Landesherren hatten und überdies die

hannoversche-welfische Familie die Nachfolge des kinderlosen *Herzogs Wilhelm von Braunschweig* angetreten hätte. Vielmehr dürfte sich das Angebot auf oldenburgisches Gebiet bezogen haben. Dann allerdings ließe sich aus dem Brief auch schließen, wie viele Chancen Wien der Fortexistenz des Deutschen Bundes so, wie er war, nach einem Sieg Österreichs noch gegeben hätte. Denn Gebietserwerb auf Kosten eines neutralen Staates wäre mit dem Charakter des Bundes ebenso wenig wie mit dem Völkerrecht vereinbar gewesen. Ein tragfähiger Beleg dafür, dass sich Georg V. in seinen Entschlüssen von dieser Wiener Offerte hatte beeinflussen lassen, existiert offenbar nicht. Ein insoweit unsicheres Dokument findet sich im Hauptstaatsarchiv Hannover Dep. 103 VIII. 149, Bl 5ff.: Nach dem Bericht eines Gewährsmannes hatte dieser im Jahre 1911 ein Dokument des Wiener oder Prager Staatsarchivs in Oldenburg einsehen dürfen, in dem Prinz Solms instruiert wurde, er möge die Territorialforderung Georgs V. nach gewonnenem Krieg mäßigen. Der seinerzeit noch lebende Kronprinz Ernst August erklärte hierzu, er habe an sämtlichen Gesprächen mit Prinz Solms bei dessen Besuchen in Hannover teilgenommen und von territorialem Gewinn sei nie die Rede gewesen. Hiernach müsste bei all diesen Gesprächen die oben zitierte Gebietsofferte Wiens an Hannover nicht zur Sprache gekommen sein. Das ist kaum vorstellbar. Zu erwähnen ist hierzu Bismarcks nicht substantiierte Behauptung im Reichstag am 11. März 1867: *Man hat den Krieg gewollt mit offenen Augen; man war entschlossen Preußische Provinzen zu nehmen, wenn man gesiegt hätte ...*, *L. Hahn*, Fn. 4, S. 562f.

57 *H. Ritter von Srbik*, Nr. 2739.

58 *v. Hassel* Fn.54 S. 335

59 *Ritter v. Srbik*, Fn.50, Nr. 2823, Österreichs Kriegsziel war die Wiedergewinnung Schlesiens. Dann sei es bereit, Venedig an Napoleon III. abzutreten (mit der Anheimgabe, dieses Gebiet Italien zuzuwenden). Hierzu sei das Ergebnis der auf »Bundestreue« begründeten Beziehungen zwischen Österreich und Hannover angeführt; der französische Botschafter am Preußischen Hof berichtete am 23. Juli an den französischen Außenminister aus Nikolsburg:

Seinerseits hat Graf Bismarck mir mitgetheilt, dass die österreichischen Unterhändler sich darauf beschränkt haben, für die Erhaltung Sachsens in seinen bisherigen Gebieten einzutreten. Ich glaube, dass man sich über diese Frage einigen wird; indem Preußen sich verbindlich macht, Sachsen in seinen jetzigen Grenzen zu erhalten, wird Österreich sich anheischig machen, den Veränderungen in Bezug auf Hannover, Hessen oder andere Kleinstaaten kein Hindernis zu bereiten. L. Hahn, Fn. 4, S. 488.

60 Hauptstaatsarchiv Hannover, Dep. 103 VIII. 189, Bl. 55ff.

61 *L. Hahn*, wie Fn. 52.

62 *Ritter von Srbik*, Fn. 50, Nrn. 2704, 2705, 2763, 2805; H. v. Sybel, Fn. 4, Vierter Band, 1889, S. 375ff.

62a *Mensdorff* erklärte, seine friedliche Auffassung sei nicht durchgedrungen, er sei überstimmt worden von Politikern, die *durch einen kriegerischen Erfolg eine Machterhöhung für sich zu erzielen hofften, ohne zu bedenken, dass ... zu einem solchen Erfolg die militärischen Vorbedingungen fehlten. Nie wurde von ernsten Männern eine Frage von so großer Tragweite mit der Leichtfertigkeit behandelt, als in jenem Zeitpunkte* (Denkschrift Mensdorffs vom 21.09.1866, zitiert nach *E. Kolb*, Fn. 37, S.33f.).

63 Generallandesarchiv Karlsruhe, Protokoll der Deutschen Bundesversammlung, 19. Sitzung am 29.05.1866, § 144. Es sei hier erwähnt, dass die in französischer Sprache gehaltenen Einladungsschreiben aus Paris und Sankt Petersburg nicht übersetzt wurden, dagegen wohl die in englisch verfasste Einladung aus London – und zwar ins Französische, in die Diplomatensprache, so dass auch Gesandte des Königs Georg an ihn in französischer Sprache berichteten. Als Ergänzung die hellsichtige politische Analyse von *Staatsrat Zimmermann* in einem Brief an den Hannoverschen Hof vom 25. Mai – Nieders. Hauptstaatsarchiv Dep. 103 VIII., 189: *Augenscheinlich treibt Österreich am meisten auf den Krieg hin, nachdem es einmal so furchtbar gerüstet und finanziell alles auf eine Karte gesetzt hat. Der Kaiserstaat ist so gut wie ruiniert, wenn er nicht seine Rüstungskosten wiederbekömmt und ohne großartigen Erfolg aus dieser Krise hervorgeht. Ohne Krieg ist aber weder das eine noch das andere zu erlangen, und wegen seiner Finanzen kann Österreich nur noch sehr geringe Zeit im jetzigen Zustande des bewaffneten Wartens bleiben. Von ihm wird daher, so scheint* *es mir, das Möglichste getan, um die Dinge rasch auf die Spitze des Degens zu bringen. In Deutschland dagegen provoziert Österreich das Preußische Kabinett damit, dass es die schleswig-holsteinische Frage der Majorität des Bundestages überliefert und dadurch Preußen zwingt, wider die Kompetenz des Bundes in dieser Sache anzugehen ...; ferner dass in Holstein mittel Einberufung der Stände der Augustenburger als rechtmäßiger Regent dargestellt wird und bald kömmt wahrscheinlich auch noch ein drittes Mittel in Gang, um eine Entschließung herbeizuführen, nämlich ein Bundesbeschluss auf Mobilisation aller gemischten Bundeskorps. Da Preußen (dagegen) angehen muss, so ist damit der Anlass zum Krieg gegeben.* Die ruinöse finanzielle Lage Österreichs war seinerzeit allgemein bekannt.

63a *Ritter v. Srbik*, Fn. 50, Nr. 2820.

63b Zur Kriegsunlust auf preußischer Seite die Zitate oben im Text bei *H.-U. Wehler*, Deutsche Gesellschaftsgeschichte 2002, III. Band, 1849-1914, S. 292f.

64 *E.R. Huber*, Fn. 3, Band 2, Nr. 163.

65 *Ders.*, Nr. 173

66 *Ders.*, Nr. 172

67 Ders., Nr. 267.

68 Ders. Nr. 196.

69 *Ders.*, für das Folgende: Nrn. 166-170.

69a Aus dem oben referierten Schreiben Graf Blomes an Minister Graf Mensdorff ergibt sich die Tendenz, über die österreichische Politik in Schleswig-Holstein den Krieg zu provozieren.

70 So ausdrücklich die preußische Erklärung gegenüber den »fremden Mächten« vom 16. Juni 1866; *L. Hahn*, Zwei Jahre preußisch-deutsche Politik, 1868, Nr. 68.

70a *K. Jürgensen*, Die preußische Lösung der Schleswig-Holstein-Frage 1863-1867, in: J. Kunisch, Bismarck und seine Zeit, 1992, S. 57, insbes. 69ff.

71 Zum ganzen Komplex insoweit *E.R. Huber*, Fn. 36, S. 531ff; ders. Fn. 3, Nr. 170ff.

71a *W. Hopf*, Das Jahr 1866, Dritte Auflage 1906, S. 210f.

72 Badisches Generallandesarchiv, Protokolle der Bundesversammlung; Sitzung vom 14. Juni 1866, § 6; zu Braunschweigs Schwenk von Parteinahme für Österreich zur Neutralität vgl. *Sbrik*, Fn. 49, Nr. 2803.

72a *L. Hahn*, Fn. 4, S. 435f.

72b Die Gesamtheit der Bundesversammlung betrug 17 Stimmen, da die meisten kleineren Staaten eine Stimme mit anderen Staaten zusammen hatten (vgl. Art. 4 der Deutschen Bundesakte, E.R. Huber, Fn. 3, Band 1, Nr. 3).

72c *Bismarck*, Fn. 9, 19. Kap. a.E.

73 *E.R. Huber*, Fn. 36, S. 543

74 Wollte man aber gleichwohl den Bund für zuständig halten, so rangierten die friedlichen Lösungswege, insbesondere der Wiener Schlussakte, vor den kriegerischen. Entscheidend ist der Artikel 20, wonach die Bundesversammlung ein Recht hat, ein an der Sache nicht beteiligtes Bundesglied dem jeweiligen Obersten Gerichtshof zu überweisen und nach summarischer Untersuchung des Gerichtshofs einen Rechtsbescheid abfassen zu lassen und erst dann zu anderen Mitteln zu greifen, wenn der Bundestaat, gegen den der Bescheid gerichtet ist, nicht nachgibt. Daneben gab es die besondere Form des Austrägal-Gerichts zur Streitschlichtung, das nach den Regeln der Austrägal-Ordnung vom 16. Juni 1817 zu verfahren hat. Auch das Sich-Einlassen auf eine Bundeskompetenz, hätte also rechtlich nicht zu dem Mobilisierungsantrag Österreichs bzw. Bayerns führen können.

75 hierzu Bismarck in *L. Hahn*, Fn. 4, S. 562; *E.R. Huber*, Fn. 36, S. 540.

76 *W. Hahn*, Zwei Jahre preußisch-deutsche Politik, 1866-1877; 1868, S. 129; Die Antwort Graf von Platens ebenda, S. 130, Nr. 66 II.

77 Stadtarchiv Uelzen, Nr. 1274 pr 22/6 66

78 *E.R. Huber*, Fn. 3, Band 1 Nr. 58.

79 *A. Drews*, Fn. 10, S.80

80 *R. Sabellek*, in: ders., Fn. 10, S. 277. Eine Darstellung aller zum Thema Langensalza gehörenden Umstände bei *E. Schubert*, Die Schlacht von Langensalza, ebd. S. 101.

81 Den Kampf von Langensalza als »Schlacht« zu bezeichnen, liegt für Hannoveraner nahe, weil sie den Kampf gewonnen hatten. Die preußenfreundliche Geschichtsschreibung des Kampfes als »Treffen« bei *H. v. Sybel*, Fn. 4, S. 30ff. mit genauer Schilderung des Kampfverlaufes bis zur Kapitulation König Georgs. Dort auch das Wort von Georg V. bei der Ablehnung der Sommation, dass die Annahme der preußischen Bundesreform eine Herabwürdigung der von Gott ihm verliehenen Kronrechte sein würde. König Georg hat in einem in erster Linie an die Garantiemächte des Deutschen Bundes gerichteten Protest vom 23. September 1866 gegen die Einverleibung seines Reiches in das Preußische Königreich von einem »glänzenden Sieg« über die Preußen gesprochen, *L. Hahn*, Zwei Jahre Preußich-Deutscher Politik, 1868, Nr. 164. Die Rechtfertigung König Georgs für seine Haltung enthält demgegenüber Unterstellungen, Halbwahrheiten und Fortlassungen und sind nicht als tauglicher Beitrag zur Geschichtsschreibung des Jahres 1866 anzusehen.

81a *E. Schubert*, Der Untergang des Königreichs Hannover 1866, in: Niedersächsische Geschichte, Hg. *Bernd Ulrich Hucker* u.a., o.J. (Vor 2000), S. 467.

81b *G. M. Willis*, Hannovers Schicksalsjahr 1866 im Briefwechsel König Georgs V. mit der Königin Marie, 1966, Nummer 19 (König an Königin).

82 Die *Kapitulationsmitteilung Preußens* schließt mit den Worten: »*Das Schicksal der hannoverschen Truppen, deren ruhmreiche Vergangenheit eng verwoben ist mit den schönsten Kriegsthaten unseres eigenen Heeres, muss jedes Soldatenherz mit aufrichtiger Theilnahme erfüllen. Man durfte diese braven Truppen bedauern, als sie während des Feldzuges gegen Dänemark durch eine unglückliche Politik ihrer Regierung zur Unthätigkeit verurteilt wurden; heut sind sie zu beklagen, weil neue, traurige Verirrungen an ihrer Regierung sie einer unglücklichen Katastrophe entgegengeführt haben. Die hohe Selbstverleugnung aber, mit welcher die hannoversche Armee, treu dem geleisteten Eide, ihr hartes Loos getragen, muss ihr die Achtung der Preußischen Armee* sichern.«, vgl. *L. Hahn*, Fn. 81, 1868, S. 355, Nr. 78.

83 hier und zum folgende *v. Bismarck*, Fn. 9, 21. Kapitel.

84 Für das Folgende vgl. *Bismarck*, Fn. 9, 20. Kapitel unter III. und IV.

85 Bismarck, Fn. 9, 21. Kapitel unter VI.

86 *Golo Mann*, 100 Jahre nach Langensalza, Informationen des Marienburg-Kreises Nr. 18, September 1966.

87 *v. Bismarck*, Fn. 9, 21. Kapitel unter VI; *L. Hahn*, Fn. 4,. S. 512, im folgenden.

89 *L. Hahn*, Fn. 4 S. 556.

90 Ebenda, S. 744.

91 Graf Münster, Fn.24, Seite 8.

92 Ursache dieses Verbots war ein Brief Graf Münsters an den König (ebenda S. 21ff.) mit der Überlegung, zugunsten des Kronprinzen dem Throne zu entsagen, weil nur so *eine Änderung in der Umgebung, im Regierungssystem eintreten* könne. Georg V. reagierte gegenüber der Königin mit Brief vom 26. Juli und sprach vom »Schaafsdämel« Münster; seine Dummheit sei ihm angeboren. *Nach diesem seinem Verfahren untersage ich Dir auf das Allerbestimmteste, irgendwie mit ihm in Verbindung zu treten. G. M. Willis*, Fn. 81a, Nr.19. Für den Außenstehenden unerklärlich ist auch die offenbar nicht nur verbal zu verstehende moralische Deklassierung anderer Persönlichkeiten: *An der Spitze vieler Anderer besitzt das Königreich keine größeren Intriguanten als den Grafen Bennigsen* [nicht zu verwechseln mit Rudolf von Bennigsen] ...; *der Plan dieses geriebenen Polacken* (die Ehefrau war von polnischem Adel), *höchstwahrscheinlich von dem geriebensten aller Jesuiten, Herrn Windthorst, unterstützt, geht einfach dahin dass, was nicht gelang, als Herr Windthorst mit seinen lumpigen Collegen Minister waren ... Gott bewahre mich und mein Land vor der Nähe Zweier solcher Judasse. (Nr.23).*

93 Hauptstaatsarchiv Hannover, Dep. 103 VIII 188.

94 *E.R. Huber*, Fn. 39, S. 575.

95 *G.M. Willis*, Fn. 92, zum Folgenden Nrn. 34ff.

96 Bismarck sah, dass der gegenüber der Totalannexion Hannovers skrupulöse König Wilhelm I. nach Annahme des Briefes einer solchen kaum noch zugänglich gewesen wäre. Wortlaut des Briefes in *v. Hassel*, Fn. 54, Anhang.
97 Texte in *H.A. Oppermann*, »Trostbriefe«, Fn. 13, S. 55ff und in *L. Hahn*, Fn. 82, Nr. 164, S.350ff.
98 *v. Bismarck*, Gedanken und Erinnerungen, 12. Kapitel, a.E.
99 Der österreichische Feldmarschall v. Heß schrieb seinem preußischen Waffenbruder im Deutsch-Dänischen Krieg, Feldmarschall Wrangel, nach dem Krieg von 1866: »Nun ist aber die Revolution von oben durch Euch in Mode gekommen ... Wehe Euch doppelt wenn sie Euch nach hinweggespültem Rechtsgefühl in der Flut der Zeiten selbst einmal ergreift! Dann seid Ihr verloren!«; L. Gall, Fn. 37, S. 381.
100 *A. Daniel*, Die Legitimation von Gottes Gnaden, Diss. jur. Erlangen, 1911, erklärt zum Inhalt der Formel »Demut, Anerkennung der Abhängigkeit von der Gnade Gottes, im Rechtssinne: Die Unverantwortlichkeit des Königs (S. 65). *G. Anschütz* erblickt in dieser »altherkömmlichen Formel« indessen vor allem »eine Verwahrung ... gegen den Grundsatz der Volkssouveränität, ... vor allem eine Bekräftigung der Unverletzlichkeit des Fürsten.« Kommentar zur preußischen Verfassung, Erster Band, 1912, S. 63ff. unter III. Darin sind sich beide Autoren einig, sparen indessen die Begründung dafür aus, worin denn die Unverletzlichkeit selbst des Fürsten begründet ist. Sie kann nur in der religiösen Legitimation zu herrschen begründet sein. Die andere einzig mögliche Legitimation, nämlich die durch das Volk, tritt in der Bezeichnung des französischen Königs in der Verfassung von 1791 als »König der Franzosen« zutage, diesem Ansatz folgend war Napoleon I. *von Gottes Gnade und durch die Constitutionen der Republik Kaiser der Franzosen* und ist der belgische König *König der Belgier* nach der Verfassung von 1832. Napoleon III. hielt es mit *der Gnade Gottes und dem Willen des Volkes.*
100a Zu dieser Episode *E.R. Huber*, Fn 36, Seite 575.
101 Zitate in *H.-U. Wehler*, Deutsche Gesellschaftsgeschichte, Dritter Band 1849-1914, Seite 296ff., Fn. 63.); als Beispiel: *Die Definitive*

Beseitigung derselben [der annektierten Staaten] *war freilich eine Vergewaltigung des auch in Preußen allzu lange verehrte Legitimationsprinzips, aber es war der Akt jener höheren Gerechtigkeit, welche in der Weltgeschichte regiert.* (J.K. *Bluntschli*, Die Neugestaltung von Deutschland und der Schweiz, 1866, S. 23.)

102 Im Sinne des klassischen Marxismus urteilte Friedrich Engels, es handele sich bei den Vorgängen des Jahres 1866 um den Übergang zu einer Monarchie, die immer mehr einen bürgerlichen Charakter bekomme; in der revolutionären Bewegung handele es sich um eine Vereinfachung der Klassenfronten, bessere Organisations- und Agitationsmöglichkeiten in einem größeren nationalstaatlichen Rahmen. Im Reichstag von 1880 äußert sich *Wilhelm Liebknecht* gegen die konservative Fraktion: *Sie haben sich 1866 auf den Boden der Annexions-Politik gestellt d.h. auf den Boden der Revolution von oben. Sie haben von dem Moment an, wo Sie sich für die Vernichtung des Legitimationsprinzips, für das revolutionäre Prinzip der Annexion, für das allgemeine Stimmrecht, für die Volkssouveränität erklärt haben, aufgehört eine konservative Partei zu sein. Sie, meine Herren Konservativen, haben von der Revolution gekostet, und als konservative Partei sind Sie zugrunde gegangen;* H. Barmeyer, E., Bismarck, Die Annexionen und das Welfenproblem, Nieders. Jahrb. Band 48, 1976, S. 395.

103 L. *Hahn*, Fn. 4, S. 740ff.

104 Ders. S. 757

105 Ausführlich zum Welfenfonds D. *Brosius*, Der Welfenfonds und die Presse, Nieders. Jahrb., Band 36, 1964, S. 154, H. *Philippi*, Zur Geschichte des Welfenfonds, Nieders. Jahrb., Band 31, 1959, S. 190; knapp auch E.R. *Huber*, Fn. 36, S. 589f.; L. *Hahn*, Fn. 4, S. 557. Nach S. *Haffner* sind 4.700.000 Goldmark aus dem Welfenfonds an König Ludwig II. von Bayern geflossen. (wikipedia.org/niki/provinz_hannover.)

106 Der Fonds hieß auch »Reptilienfonds«, nachdem Bismarck die »bösartigen Reptilien« bis in ihre Höhlen verfolgen wollte (*Hüsgen*, Fn. 17, S. 64).

107 Kronprinz Ernst August war der welfische Widerpart der preußischen Regierung, nachdem sein Vater in Paris im Jahre 1878 gestorben war. Die preußische Regierung erlaubte Kronprinz Ernst August, den Leichnam seines Vaters im Mausoleum in Herrenhausen beizusetzen, doch hat die Welfenpartei Ernst August erklärt, das könne als friedliche Beilegung der Konflikte zwischen den Welfen und den Hohenzollern verstanden werden. Daraufhin machte Ernst August von dem Anerbieten der Königin Victoria Gebrauch, den Vater in der St. Georgs-Kapelle in Windsor beizusetzen.

108 Zur Politik Preußens gegenüber Hannover vgl. *H. Barmeyer*, Annexion oder Assimilation, Nieder. Jahrb. Band 45, 1973, S. 303 sowie *dies.*, Bismarck, Die Annexion und das Welfenproblem, Niders. Jahrb. Band 48, 1976, S. 392; *dies.* Hannovers Eingliederung, Fn. 26a). Über das Thema 1866 weit hinausgreifend und ausführlich informierend *E. Pitz*, Deutschland und Hannover im Jahre 1866, Nieders. Jahrbuch, Band 58, 1966, S. 86. Die Vielfalt der Aspekte ist behandelt in dem hier mehrfach zitierten Tagungsband von *R. Sabellek* (Hg), Hannovers Übergang vom Königreich zur preußischen Provinz: 1866, 1995.

109 Stadtarchiv Uelzen, Nr.1605 pr 5/8 66.

110 König Georg V. war aus ähnlichem Anlass gleichfalls wenig zurückhaltend: Wer der Initiative von Bennigsen im Jahre 1859 (vgl. oben) für die Wahl eines nationalen deutschen Parlaments und einer Zentralgewalt mit preußischem Schwergewicht öffentlich zugestimmt hatte, war von jeder Beförderung oder Anstellung oder irgendeiner Form von Gnadenerweisen ausgeschlossen, ebenso die Wirtschaft im Blick auf Aufträge für den Hof oder den Staat.

111 03. Oktober 1866, GS S.591f.

112 *H. Barmeyer* in Kuhnisch, Fn. 37, S. 50ff.

112a Text der Erklärung in *L. Hahn*, Zwei Jahre Preußisch-Deutsche Politik, 1866-1867, 1868, Nr. 166.

113 *H. Barmeyer*, Fn. 37 S. 50ff.

114 Nach *H. Barmeyer* haben die Gründe hierfür nicht ermittelt werden können, auffallend ist indessen, dass der Windthorst-Biograph *E. Hüsgen*, Fn. 17, S. 62 Windthorst eine führende Rolle in dem Vertrauensmännergremium zuordnet.

115 Die drei oben genannten hannoverschen Politiker, *Miquel*,

Bennigsen und *Windthorst*, hatten in kurzer Zeit im Berliner parlamentarischen Leben Anerkennung gefunden. Der Altliberale *Georg v. Vincke* nannte sie »die drei gescheitesten Leute bei uns«.

[116] Ausführlich hierzu *H. Barmeyer*, Hannovers Eingliederung, Fn. 26a, S. 57.
[117] *Th. Greis*, in *A. Drews*, Fn. 24, S. 98ff.
[118] Gesetz Nr. 46 des Alliierten Kontrollrats vom 25.02.1947.

Abbildungsnachweis

Seite 29: Deutscher Fürstentag in Frankfurt am Main,
Fotografie von Joseph Albert, 1863
Seite 42: Kaiser Franz Josef I. von Österreich,
Fotografie um 1863
Seite 43: König Georg V. von Hannover,
Fotografie um 1863
Seite 54: Otto v. Bismarck,
Fotografie um 1863
Seite 55: König Wilhelm I. von Preußen,
Fotografie um 1873
Seite 81: Ludwig Windthorst,
Lithografie um 1870

Literaturverzeichnis

Anschütz, G., Kommentar zur preußischen Verfassung, 1. Band, 1912.
Barmeyer, H., Hannovers Eingliederung in den preußischen Staat, Annexion und administrative Integration 1866-1868, 2003.
Barmeyer, H., Annexion oder Assimilation, Nieders. Jahrb. Band 45, Jahr?.
Barmeyer, H., Bismarck zwischen preußischer und nationaldeutscher Politik, in: Bismarck und seine Zeit, Hg. Kunisch, J., 1992.
Barmeyer, H., Bismarck, die Annexion und das Welfenproblem, Nieders. Jahrb. Band 48, 1976.
Bismarck, O. v., Gedanken und Erinnerungen.
Böckenförde, E.-W., Der deutsche Typ der konstitutionellen Monarchie im 19. Jahrhundert, in: Staat, Gesellschaft, Freiheit, 1956, Seite 131ff.
Brosius, D., Der Welfenfonds und die Presse, Nieders. Jahrb. Band 36, 1964.
Brosius, D., Georg V. von Hannover – Der König des monarchischen Prinzips, in Nieders. Jahrb. Band 51, 1979.
Brosius, D., Hannover und Preußen vor 1866, in: Sabelleck, R., Hannovers Übergang vom Königreich zur preußischen Provinz: 1866, 1995.
Brunner, O., Vom Gottesgnadentum zum monarchischen Prinzip, in: Das Königtum, 1957.
Daniel, A., Die Legitimation von Gottes Gnaden, Diss. jur. Erlangen, 1911.
Gall, L., Bismarck, Der weiße Revolutionär, o.J.
Greis, Th., In Drews, A., Der lange Abschied, Das Ende des Königreichs Hannover 1866 und die Folgen, 2009.
Hahn, H. W., Berding, H., Reform, Restauration und Revolution, 1806-1848/49, in: »Gebhardt«, Band der deutschen Geschichte, 10. Auflage, Band 14, 2010.
Hahn, L., Fürst Bismarck, sein politisches Leben und Wirken, 1. Band, 1882.
Hahn, L., Zwei Jahre preußisch-deutsche Politik, 1868.

Hassel, W. v., Geschichte des Königreichs Hannover, 2.Teil, 2. Abteilung, 1803-1866; 1901.

Häussler, H. J., Der fortgesetzte Wandel: Hannovers Industrialisierung und Infrastruktur vor und nach 1866 in: Sabbeleck, R., Hannovers Übergang vom Königreich zur preußischen Provinz: 1866, 1995.

Hopf, W., Das Jahr 1866, 3. Auflage, 1906.

Huber, E. R., Dokumente zur deutschen Verfassungsgeschichte, 3. Auflage, 1986.

Huber, E. R., Deutsche Verfassungsgeschichte seit 1789, Band 3, Kapitel VII, 1978.

Hüsgen, E., Windthorst, 3. Auflage, 1911.

Jürgensen, K., Die preußische Lösung der Schleswig-Holstein-Frage 1863-1867, in: Bismarck und seine Zeit (Hg. Kunisch, J.), 1992.

Kolb, E., in: Bismarck und seine Zeit, Hg. Kunisch, J., 1992.

Köster, Fr., Hannover und die Grundlegung der preußischen Suprematie in Deutschland 1862-1864; 1978.

Krockow, Christian Graf von, Bismarck, 1997

Kühne, J.-D., Freiherr v. Stein, in: Selbstverwaltung in der deutschen Geschichte Europas, Hg. Neuhaus, Helmut, 2003.

Mahrenholz, H. C., Die unbekannte Westfront des Siebenjährigen Krieges 1757-1763 in: Beiträge zur Geschichte Hilchenbachs, Folge 24, 2010.

Mann, Golo, 100 Jahre nach Langensalza, Informationen des Marienburg-Kreises Nummer 18, 1966.

Meyer, G., Lehrbuch des deutschen Staatsrechtes, 6. Auflage, (Hg. Anschütz, G.), 1905.

Münster, G. H. Graf zu, Mein Anteil an den Ereignissen von 1866, 1868.

Oberschelp, R., Politische Geschichte Niedersachsens 1803-1866; Veröffentl. d. Nieders. Landesbibl. Hannover, Band 8, 1988.

Oppermann, H. A., Hundert Jahre Einsamkeit, 1862.

Oppermann, H. A., Trostbriefe für Hannover, Anonym 1866.

Palandt, Kl., Kusserow, H. J. (Hg.): Oppermann, H. A., Unruhestifter und trotziger Demokrat, 1996.

Philippi, H., Zur Geschichte des Welfenfonds., Nieders. Jahrb. Band 31, 1959.

Pitz, E., Deutschland, Hannover, im Jahre 1866, Nieders. Jahrb. Band 58, 1966

Ritter v. Srbik, H., Quellen zur deutschen Politik Österreichs 1859-1866, Band 5, 2. Halbband, 1938.

Ruppelt, Georg, in: Der lange Abschied, Das Ende des Königreichs Hannover 1866 und die Folgen, Hg. Drews, A., 2009.

Schnath, G., Geschichte des Landes Niedersachsen, 4. Auflage, 1981.

Schubert, E., Der Untergang des Königsreichs Hannovers 1866 in: Niedersächsische Geschichte, Hg. Hucker, Bernd-Ullrich, u.a., o.J. (vor 2000).

Schubert, E., Die Schlacht von Langensalza, in: Sabelleck, R., Hannovers Übergang vom Königreich zur preußischen Provinz: 1866, 1995.

Stern, Fr., Gold und Eisen, Bismarck und sein Bankier Bleichröder, 2008.

Sybel, H. v., Die Begründung des Deutschen Reiches durch Wilhelm I., 4. Band, 1889, 5. Band, 1899.

v. Rotteck-Welcker, Staats-Lexikon, 3. Auflage, 1862.

Wehler, H.-U., Deutsche Gesellschaftsgeschichte, 3. Band, 1849-1914, 2002.

Willis, G. M., Hannovers Schicksalsjahr 1866 im Briefwechsel König Georg V. mit der Königin Marie, 1966.

Namensverzeichnis

- **A**dolph Wilhelm Karl Herzog von Nassau 70
- Albrecht, Wilhelm Eduard 17
- Alten, Victor F. G. v. (hann. Diplomat) 72
- Arentsschildt, Alexander v. (hann. General) 66
- **B**ennigsen, Rudolf v. (Nat.-lib. Politiker) 27, 62, 85, 88, 92, 100, 103f
- Bismarck, Otto v. (preuß. Ministerpräsident) (siehe Text)
- Blome, Graf v. (österr. Gesandter in Bayern) 48, 97
- **D**ahlmann, Friedrich Christoph 17
- **E**rnst August König von Hannover 16, 17, 64, 71, 74, 75, 90
- Ernst August Kronprinz von Hannover 20, 71, 79, 83, 95, 103
- Erxleben, Carl A. v. (hann. Finanzminister) 21
- Esterhazy, Graf v. (österr. Minister) 48
- Ewald, Heinrich 17
- **F**lies, Eduard Moritz v. (preuß. General) 66
- Fontane, Theodor (Schriftsteller) 48
- Franz Joseph I. Kaiser von Österreich 12, 33, 35, 39, 45, 47, 71
- Friederike Königin von Hannover 37
- Friedrich Herzog von Schleswig-Holstein-Sonderburg-Augustenburg 32
- Friedrich (III.) Deutscher Kronprinz / Kaiser 67
- Friedrich Wilhelm I., Kurfürst / Kurprinz von Hessen 35, 58
- **G**ablenz, Ludwig Freiherr v. (österr. General, Statthalter in Holstein) 35, 36, 52
- Gablenz, Anton Freiherr v. 47
- Georg I. Kurfürst von Hannover 14
- Georg II. Kurfürst von Hannover 14
- Georg III. Kurfürst von Hannover 14, 53
- Georg V. König von Hannover (siehe Text)
- Gervinus, Georg Gottfried 17
- Goltz, v. d. (preuß. Gesandter in Paris) 68
- Grimm, Jakob 17
- Grimm, Wilhelm 17
- Gumbrecht (Reichstagsmitglied) 88

- **H**ammerstein, Wilhelm Carl v. (hann. Minister) 21, 88
- Hannover, Friederike Prinzessin von 63, 79
- Hannover, Marie (Mary) Prinzessin von 63, 79
- Heß, Heinrich H. v. (österr. Feldmarschall) 101
- Hodenberg, Bodo Frhr. v. (hann. Minister) 53, 60, 71, 72, 73
- **I**ngelheim, Graf v. (österr. Gesandter in Hannover) 35, 36
- **J**ordan, W. (Reichstagsmitglied) 88
- Joseph Georg Friedrich Herzog von Sachsen-Altenburg 19
- Karl Herzog von Mecklenburg-Strelitz 94
- Karl V. Kaiser des Heiligen Römischen Reiches 28
- Kielmannsegg, Graf v. (hann. Gesandter in England) 37
- **K**opf, Hinrich Wilhelm 12
- **L**aves, Georg Ludwig Friedrich 15
- Lichtenberg, Georg 21
- Ludwig II. König von Bayern 83, 102
- Luise Königin von Preussen 37
- **M**acready, General (Gouverneur des Landes Niedersachsen) 11
- Manteuffel, Edwin Freiherr v. (Gouverneur von Schleswig) 52, 53
- Manteuffel, Otto Freiherr v. (preuß. Ministerpräsident) 27, 93
- Marie Königin von Hannover 19, 63, 71, 72, 79, 83, 99
- Meding, Oskar (Berater König Georgs V.) 91
- Mensdorff, Alexander Graf v. (österr. Außenminister) 40, 47f, 96, 97
- Metternich, Klemens Wenzel Fürst v. 27
- Miquel, Johannes v. (Jurist) 27, 85, 88, 92, 104
- Moltke, Helmuth v. (Generalstabschef) 34
- Mommsen, Theodor (Historiker) 10, 28, 77
- Münchhausen, Gerlach A. Freiherr v. (Minister unter Georg II.) 14
- Münchhausen, Alexander Freiherr v. (hann. Minister) 73, 75, 88
- Münster, Ernst Friedrich Herbert Graf zu (hann. Diplomat) 16, 19
- Münster, Georg Herbert Graf zu (Sohn von Ernst Fr. H.) 19. 70, 71, 73, 88, 91, 100
- **N**apoleon I. Kaiser von Frankreich 83, 102
- Napoleon III. Kaiser von Frankreich 12, 15, 48, 70, 89, 95, 102
- **O**mpteda, Ludwig Freiherr v. (hann. Minister) 19
- Oppermann, Heinrich Albert Dr. 87, 90, 91, 101

- Peter Großherzog von Oldenburg 72, 83
- Planck, Gottlieb (Mitbegr. d. dt. Nationalvereins) 87, 88
- Platen, Adolf Graf v. (hann. Außenminister) 36, 37, 40, 46, 61, 63, 71, 72, 99
- Robertson, Sir Brian H. 11, 12
- Rönne, v. 62
- Rössing, v. 73
- Schlepegrell, v. 73
- Solms-Braunfels, Karl Prinz von (Halbbruder König Georgs V.) in österreichischen Diensten 35, 41, 61, 95
- Steinberg, Georg 65
- Stockhausen, Baron v. (hann. Gesandter in Berlin) 37
- Stüve, Johann Karl Bertram 16, 17
- Treitschke, Heinrich (Historiker) 48
- Vincke, Georg v. 104
- Weber, Wilhelm Eduard 17
- Wilhelm I. König von Preußen, Deutscher Kaiser 18, 21, 44, 55, 69, 73, 74, 75, 84, 101
- Wilhelm II. König von Preußen, Deutscher Kaiser 16, 83
- Windthorst, Ludwig (hann. Minister) 20, 21, 79, 81, 85, 88, 90, 91, 101, 103, 104
- Wrangel, Carl Freiherr v. (preuß. General) 101
- Ysenburg, Prinz v. (preuß. Gesandter in Hannover) 36, 45, 46, 62, 63
- Zimmermann, (hann. Gesandter in Hamburg) 37, 40, 51, 53, 60, 91, 96